D1877753

# अल्बर्ट आइंस्टाइन

(जीवन और उनका कामकाज)

# अल्बर्ट आइंस्टाइन

मोहन थपलियाल

वाणी प्रकाशन

वाणी प्रकाशन
*4695, 21-ए, दरियागंज, नयी दिल्ली 110 002*

शाखा
*अशोक राजपथ, पटना 800 004*

फ़ोन : +91 11 23273167 फ़ैक्स : +91 11 23275710

www.vaniprakashan.in
vaniprakashan@gmail.com
sales@vaniprakashan.in

ALBERT EINSTEIN
*by* Mohan Thapliyal

ISBN : 978-81-8143-068-7
Biography

© लेखकाधीन

संस्करण 2014
आवृत्ति 2017

मूल्य : ₹ 225

इस पुस्तक के किसी भी अंश को किसी भी माध्यम में प्रयोग करने के लिए प्रकाशक से लिखित अनुमति लेना अनिवार्य है।

*तुषार कलर प्रोसेस, दिल्ली-110 093 में मुद्रित*

*वाणी प्रकाशन का लोगो मक़बूल फ़िदा हुसेन की कूची से*

*सतीश घिल्डियाल के लिए*

*– ईश्वर दुनिया के साथ जुआ नहीं खेलता।*

– अल्बर्ट आइंस्टाइन

# भूमिका

आधुनिक अणुयुग के निर्माण कर्ताओं की शृंखला में अल्बर्ट आइंस्टाइन का नाम पहले स्थान पर आता है। ऊर्जा की भूमिका कितनी चमत्कारी हो सकती है, इसका महत्त्व सर्वप्रथम आइंस्टाइन ने ही दुनिया को बताया था। अणुशक्ति के मुलभूत नियमों की स्थापना उन्होंने $E= MC^2$ सूत्र के जरिये की थी, जिसमें यह बताया गया था कि पदार्थ की मात्रा को शक्ति में बदला जा सकता है। इस सूत्र में E=ऊर्जा, M= संहिति और C=प्रकाश वेग का संकेतन करते हैं। दूसरे शब्दों में सामान्य तौर पर एक पौंड कोयले को जलाने पर जहाँ हमें केवल 14650 ब्रिटिश थर्मल यूनिट शक्ति प्राप्त होती है। वहीं इस सूत्र के जरिये एक पौंड कोयले को पूर्ण रूप से विखंडित कर शक्ति में बदलने पर $3.3 \times 10^9$ ब्रिटिश थर्मल यूनिट शक्ति प्राप्त होती है। यह एक ग्राम कोयले को साधारण रूप से जलाने पर जहाँ केवल आठ किलोवाट घंटे की ऊर्जा प्राप्त होती है, वहीं विखंडित करने पर इसी एक ग्राम कोयले से $2.2 \times 10^{17}$ किलोवाट घंटे की शक्ति प्राप्त होती है। इस प्रकार अणुयुग के प्रादुर्भाव से पृथ्वी में उपलब्ध कोयले का भंडार अधिक लम्बे समय तक मानव उपयोगी कार्यों में प्रयुक्त हो सकता है। अणुशक्ति के प्रयोग से दूसरी सुविधा स्थान का संकट दूर करने में हुई। उदाहरण के लिए राकेट के संचालन में हम एक पौंड यू-235 से काम चला लेते हैं। इसके स्थान पर यदि कोयला रखना पड़ता तो 1500 टन कोयले की जरूरत पड़ती–जिसे निश्चित रूप से राकेट के अन्दर रखना असंभव होता। अणुशक्ति के जरिये एक ग्राम

संहिता से जितनी ऊर्जा हमें प्राप्त होती है, उसका इस्तेमाल यदि विद्युत के रूप में किया जाय तो कई महीनों तक बड़े शहर की बिजली की जरूरतों को पूरा किया जा सकता है।

यह ऊर्जा यदि एकाएक मुक्त (विखंडित) कर दी जाती है तो उसे एटम बम कहा जाता है और यही ऊर्जा यदि नियंत्रित रूप से मुक्त (विखंडित) होती है, तो उसे आणविक ऊर्जा कहा जाता है, जिसका उपयोग शांतिपूर्ण तरीकों से मानव उपयोगी कार्यों में किया जाता है।

आइंस्टाइन के उपरोक्त सूत्र से ही आगे जाकर अणुबम का विकास हुआ। एक हद तक अणुबम बनाने की प्रक्रिया में अपरिहार्य रूप से उनका योगदान इसलिए भी माना जाता है, क्योंकि द्वितीय विश्व युद्ध के समय तत्कालीन अमरीकी राष्ट्रपति रूजवेल्ट को जल्द-से-जल्द बम बना लेने के बाबत पहली चिट्ठी उन्होंने ही लिखी थी, हालाँकि इस पर दस्तखत करते वक्त वह इस आशंका से पूरी तरह सावधान थे कि एटम बम बन जाने पर मनुष्य जाति को बहुत बड़ा खतरा पैदा हो जायेगा। उनका मानना था कि इन बमों के प्रयोग से मानव सभ्यता सर्वव्यापी विनाश की ओर अग्रसर हो जायेगी। इस विनाश में भले ही तत्काल सीमित संख्या में लोगों की जानें जायेंगी, लेकिन अधिकांश जीवित बचे लोगों को दीर्घकालिक शारीरिक और मानसिक यातनाएँ झेलनी पड़ेंगी, जिनमें अनेक प्रकार के जटिल रोग व विकलांगता भी शामिल होगी।

आइंस्टाइन जीवन भर वैज्ञानिक खोजों में मशगूल रहे। सापेक्षता का सिद्धांत उनकी महत्त्वपूर्ण खोज है। यह सिद्धांत काफी व्यापक है। सापेक्षता के विशिष्ट सिद्धांत पर उन्होंने अपना प्रथम शोध-पत्र 1905 में उन दिनों लिखा था, जब वे बर्न में स्विस पेटेंट दफ्तर में क्लर्क थे। इसी शोध-पत्र की दूसरी कड़ी में कुछ दिनों बाद उन्होंने अपना महत्त्वपूर्ण निष्कर्ष $E=MC^2$ प्रस्तुत किया था।

सापेक्षता के तहत दूसरी खोज उनका सामान्य सिद्धांत है। इस सिद्धांत पर उन्होंने 1907 से ही काम करना शुरू कर दिया था, जिसे 1916 में अंतिम रूप दिया। इस सिद्धांत के तहत उन्होंने प्रकाश पर

# भूमिका

आधुनिक अणुयुग के निर्माण कर्ताओं की शृंखला में अल्बर्ट आइंस्टाइन का नाम पहले स्थान पर आता है। ऊर्जा की भूमिका कितनी चमत्कारी हो सकती है, इसका महत्त्व सर्वप्रथम आइंस्टाइन ने ही दुनिया को बताया था। अणुशक्ति के मुलभूत नियमों की स्थापना उन्होंने $E= MC^2$ सूत्र के जरिये की थी, जिसमें यह बताया गया था कि पदार्थ की मात्रा को शक्ति में बदला जा सकता है। इस सूत्र में E=ऊर्जा, M= संहिति और C=प्रकाश वेग का संकेतन करते हैं। दूसरे शब्दों में सामान्य तौर पर एक पौंड कोयले को जलाने पर जहाँ हमें केवल 14650 ब्रिटिश थर्मल यूनिट शक्ति प्राप्त होती है। वहीं इस सूत्र के जरिये एक पौंड कोयले को पूर्ण रूप से विखंडित कर शक्ति में बदलने पर $3.3 \times 10^9$ ब्रिटिश थर्मल यूनिट शक्ति प्राप्त होती है। यह एक ग्राम कोयले को साधारण रूप से जलाने पर जहाँ केवल आठ किलोवाट घंटे की ऊर्जा प्राप्त होती है, वहीं विखंडित करने पर इसी एक ग्राम कोयले से $2.2 \times 10^{17}$ किलोवाट घंटे की शक्ति प्राप्त होती है। इस प्रकार अणुयुग के प्रादुर्भाव से पृथ्वी में उपलब्ध कोयले का भंडार अधिक लम्बे समय तक मानव उपयोगी कार्यों में प्रयुक्त हो सकता है। अणुशक्ति के प्रयोग से दूसरी सुविधा स्थान का संकट दूर करने में हुई। उदाहरण के लिए राकेट के संचालन में हम एक पौंड यू-235 से काम चला लेते हैं। इसके स्थान पर यदि कोयला रखना पड़ता तो 1500 टन कोयले की जरूरत पड़ती–जिसे निश्चित रूप से राकेट के अन्दर रखना असंभव होता। अणुशक्ति के जरिये एक ग्राम

संहिता से जितनी ऊर्जा हमें प्राप्त होती है, उसका इस्तेमाल यदि विद्युत के रूप में किया जाय तो कई महीनों तक बड़े शहर की बिजली की जरूरतों को पूरा किया जा सकता है।

यह ऊर्जा यदि एकाएक मुक्त (विखंडित) कर दी जाती है तो उसे एटम बम कहा जाता है और यही ऊर्जा यदि नियंत्रित रूप से मुक्त (विखंडित) होती है, तो उसे आणविक ऊर्जा कहा जाता है, जिसका उपयोग शांतिपूर्ण तरीकों से मानव उपयोगी कार्यों में किया जाता है।

आइंस्टाइन के उपरोक्त सूत्र से ही आगे जाकर अणुबम का विकास हुआ। एक हद तक अणुबम बनाने की प्रक्रिया में अपरिहार्य रूप से उनका योगदान इसलिए भी माना जाता है, क्योंकि द्वितीय विश्व युद्ध के समय तत्कालीन अमरीकी राष्ट्रपति रूजवेल्ट को जल्द-से-जल्द बम बना लेने के बाबत पहली चिट्ठी उन्होंने ही लिखी थी, हालाँकि इस पर दस्तखत करते वक्त वह इस आशंका से पूरी तरह सावधान थे कि एटम बम बन जाने पर मनुष्य जाति को बहुत बड़ा खतरा पैदा हो जायेगा। उनका मानना था कि इन बमों के प्रयोग से मानव सभ्यता सर्वव्यापी विनाश की ओर अग्रसर हो जायेगी। इस विनाश में भले ही तत्काल सीमित संख्या में लोगों की जानें जायेंगी, लेकिन अधिकांश जीवित बचे लोगों को दीर्घकालिक शारीरिक और मानसिक यातनाएँ झेलनी पड़ेंगी, जिनमें अनेक प्रकार के जटिल रोग व विकलांगता भी शामिल होगी।

आइंस्टाइन जीवन भर वैज्ञानिक खोजों में मशगूल रहे। सापेक्षता का सिद्धांत उनकी महत्त्वपूर्ण खोज है। यह सिद्धांत काफी व्यापक है। सापेक्षता के विशिष्ट सिद्धांत पर उन्होंने अपना प्रथम शोध-पत्र 1905 में उन दिनों लिखा था, जब वे बर्न में स्विस पेटेंट दफ्तर में क्लर्क थे। इसी शोध-पत्र की दूसरी कड़ी में कुछ दिनों बाद उन्होंने अपना महत्त्वपूर्ण निष्कर्ष $E=MC^2$ प्रस्तुत किया था।

सापेक्षता के तहत दूसरी खोज उनका सामान्य सिद्धांत है। इस सिद्धांत पर उन्होंने 1907 से ही काम करना शुरू कर दिया था, जिसे 1916 में अंतिम रूप दिया। इस सिद्धांत के तहत उन्होंने प्रकाश पर

गुरुत्वाकर्षण के प्रभाव तथा सूर्य के गुरुत्वाकर्षण क्षेत्र के कारण प्रकाश किरणों के घुमाव (विचलन) पर पड़ने वाले प्रभाव का सूक्ष्म अध्ययन किया। इसी के साथ उन्होंने सामान्य सापेक्षता का एक तीरारा सिद्धांत 'एस्ट्रानॉमिकल इफेक्ट' भी प्रस्तुत किया।

सापेक्षता का विशिष्ट व सामान्य दोनों ही सिद्धांत काफी जटिल हैं। इस समझाने के लिए आइंस्टाइन एक दो मंजिली इमारत का उदाहरण देते थे। उनका कहना था कि पहली मंजिल को विशिष्ट सिद्धांत और दूसरी को सामान्य सिद्धांत समझिये। विशिष्ट सिद्धांत के ऊपर ही सामान्य सिद्धांत की मंजिल खड़ी है।

पहली मंजिल (विशिष्ट) में बतौर अपवाद गुरुत्वाकर्षण को छोड़कर बाकी सभी भौतिक परिघटनाएँ शामिल हैं, जबकि दूसरी मंजिल (सामान्य) में गुरुत्वाकर्षण के नियम और अन्य प्राकृतिक शक्तियों से जुड़े हुए इनके संबंध शामिल हैं।

सापेक्षता के सामान्य सिद्धांत की समस्याओं को लेकर आइंस्टाइन अपने जीवन के अन्त तक जूझते रहे। इस क्षेत्र में उनके तीन उल्लेखनीय योगदानों को (1) ब्रह्मांड विज्ञान (कॉरुपॉलाजी), (2) गति की समस्याएँ (प्राब्लम ऑफ मोशन) और (3) एकीकृत क्षेत्र सिद्धांत (यूनीफाइड फील्ड थ्योरी) के रूप में जाना जाता है।

1905 में ही आइंस्टाइन ने प्रकाश का कांटा या फोटान सिद्धांत भी प्रतिपादित किया। उनकी यह खोज बाद में कांटम सिद्धांत पर होने वाली नयी खोजों–खासकर बोस (Bohr's) के अणु सिद्धांत का आधार बनी। 1907 में उन्होंने विशिष्ट ऊष्मा का सिद्धांत और 1924-25 में गैसों का कांटम सिद्धांत प्रस्तुत किया। गैसों के कांटम सिद्धांत पर बाद में और अधिक काम हुए और इसे बोस-आंइस्टाइन सांख्यिकी के नाम से जाना गया।

अंग्रेज वनस्पतिशास्त्री राबर्ट ब्राउन (1773-1858) की 100 वर्ष पूर्व की .खोजों के आधार पर आइंस्टाइन ने 1905 में इस सिद्धांत पर नया काम किया और ब्रोनोनियम मोशन पर अपना उल्लेखनीय शोध-पत्र

प्रकाशित कराया। ऊष्मा और गैसों के गतिज सिद्धांत के तहत उन्होंने यह सिद्ध किया कि द्रव पदार्थ के भीतर छोटे-छोटे कण किस प्रकार स्थगित (सस्पेंडेड) रहते हैं। उनका यह सिद्धांत पदार्थ का गतिज सिद्धांत के नाम से भी जाना जाता है।

यह पुस्तक खासकर उन साधारण पाठकों के लिए लिखी गयी है, जिनकी दिलचस्पी विशुद्ध विज्ञान की ओर भले ही कम हो, लेकिन एक महान् वैज्ञानिक को अपने जीवन-काल में किन-किन महत्त्वपूर्ण सामाजिक-ऐतिहासिक परिवर्तनों के दौर से गुजरना पड़ा था, यह जानने में जरूर दिलचस्पी है।

पुस्तक की पांडुलिपि देखने के बाद मेरे अजीज कवि मित्र श्री मंगलेश डबराल ने कुछ बेहतरीन सुझाव दिये, जिनके लिए मैं उनका अत्यधिक आभारी हूँ। विज्ञान के क्षेत्र में मेरी दखल बहुत कम है, इसलिए जो कुछ त्रुटियाँ इस पुस्तक में आयी होंगी, उनके लिए मैं खुद को कसूरवार मानता हूँ।

**18 नवम्बर,1994** **–मोहन थपलियाल**

# अनुक्रम


| | |
|---|---|
| बचपन के दिन | 15 |
| ज्यूरिख पालिटेक्नीक में दाखिला | 21 |
| स्विस पेटेंट दफ्तर में क्लर्की | 27 |
| ज्यूरिख पालिटेक्नीक में अध्यापन | 35 |
| बर्लिन के दिन | 39 |
| लीग ऑफ नेशन्स कमेटी में मदाम क्यूरी के साथ | 48 |
| उपहार में मकान देने का नाटक | 55 |
| प्रिंसटन से बुलावा और जर्मनी छोड़ना | 60 |
| एटम बम के बारे में ऐतिहासिक चिट्ठी | 65 |
| आखिरी दिनों में विश्व शांति के प्रबल समर्थक | 70 |
| संदर्भ-साम्रगी | 75 |

# बचपन के दिन

प्रागैतिहासिक काल में आदमी ने जिस दिन दो पत्थरों को रगड़कर आग की खोज की थी, वह दिन मानव सभ्यता की प्रगति में एक क्रांतिकारी दिन था। लगभग तीन हजार साल के बाद आज के युग में जब आइंस्टाइन ने मानव सभ्यता के सामने अपना सापेक्षता का सिद्धांत प्रस्तुत किया, निश्चित रूप से वह दिन भी क्रांतिकारी था। इस सिद्धांत के जरिये आइंस्टाइन का यह सिद्ध करना कि संहिति (मात्रा) और ऊर्जा बराबर हैं, अपने भीतर एक ऐसा क्रांतिकारी विस्फोट समाये हुए था, जिसने आगे जाकर आणविक ऊर्जा के युग को जन्म दिया।

अल्बर्ट आइंस्टाइन का जन्म दक्षिण जर्मनी के स्वाबिया प्रांत में उल्म नामक स्थान में 14 मार्च, 1879 को हुआ था। इस इलाके को वूटेनवर्ग के नाम से भी जाना जाता है। उनके माँ-बाप यहूदी थे, लेकिन उनके पिता ज्यादातर स्वतंत्र विचारों के पोषक थे। परिवार का वातावरण कहीं से भी धार्मिक भावनाओं से ओतप्रोत नहीं था। इसलिए आइंस्टाइन का लालन-पालन कट्टर यहूदी परम्परा में नहीं हुआ।

दक्षिण जर्मनी के लोगों का स्वभाव काफी मनमौजी और भोला-भाला किस्म का होता है। आमतौर पर यहाँ के वाशिंदे आरामदायक और शांतिपूर्ण ढंग से जीवन जीने के आदी होते हैं। आइंस्टाइन का बचपन भी इन्हीं भोले-भाले लोगों के बीच सादगीपूर्ण ढंग से गुजरा था। गँवई ढर्रे के इन लोगों को भुनी हुई कलेजी के साथ तरह-तरह के साउसेज, पेस्ट्रीज और अंडे के नुडुल्स खाने का बेहद शौक

होता था और इसी के साथ-साथ अपनी शामों को वह ठंडी बियर की चुस्कियों और संगीत की लहरियों पर थिरकता हुआ महसूस करते थे।

यहाँ के लोग आपसी बातचीत में अत्यधिक चुटीले मजाकों का प्रयोग किया करते और ऐसी ठेठ भाषा का इस्तेमाल किया करते, जिसकी वजह से उत्तरी जर्मनी वाले इन्हें ठस दिमागी स्वाविया कहा करते थे। दूसरे अर्थों में उत्तरी भाग के जर्मन इन्हें कूढ़ मगज ही समझते थे।

आइंस्टाइन के पिता हरमन एक छोटे-मोटे दुकानदार थे। जिस वर्ष आइंस्टाइन का जन्म हुआ उसी साल वह म्यूनिख आकर बस गये थे और वहाँ उन्होंने बिजली के सामान की एक दुकान खोल ली थी। शुरू-शुरू में वह शहर के एक विकसित इलाके में निर्धन लोगों के बीच रहे और इन्हीं गरीब लोगों के बीच आइंस्टाइन का बचपन बीता।

हरमन आइंस्टाइन एक सीधे-सादे खुशमिजाज इंसान थे, जो महिलाओं के बीच भी काफी लोकप्रिय और मुँहफट थे। वह जर्मन कवि शिलर और हाइनरिख हाइने के प्रेमी थे लेकिन राजनीति से उनका कोई लेना-देना नहीं था। प्रत्येक रविवार की सुबह अपने परिवार के सदस्यों के साथ वह ऐसे इलाके में घूमने निकल जाते थे, जहाँ पहाड़ियों की उपत्यका में झीलें होतीं। झील के किनारे कैफे में बैठकर वह प्रकृति का नजारा देखा करते और बच्चों के साथ खेलने-खाने का भरपूर लुत्फ उठाया करते। बच्चों की इस टोली में चचेरी बहन एल्सा भी होती थी, जिसके साथ आंइस्टाइन भी खूब खेला करते थे। भविष्य में आगे चलकर यही लड़की आइंस्टाइन के जीवन में उनकी दूसरी पत्नी बनी, जो उन्हें एक-से-एक लजीज स्वावियन पकवान बनाकर खिलाती थी और जीवनसंगिनी के बतौर उनके हर सुख-दुःख में हाथ बटाती थी। एल्सा ने जहाँ एक ओर प्रेयसी के रूप में उन्हें प्यार की भरपूर ऊष्मा प्रदान की वहीं दूसरी ओर गंभीर आवेग के क्षणों में उनके बदन को एक बच्चे की तरह थपकियाँ देकर सुलाया भी। आइंस्टाइन और एल्सा दोनों को ही अपनी स्वाबियन भाषा से बेहद लगाव था और दोनों को वे सभी रुचियाँ पसंद थीं, जिनमें जिंदगी की तल्ख हकीकत के साथ-साथ रोजमर्रा

की हँसी-ठिठोली और स्वप्नलोक का आनंद भी घुलामिला होता था।

हरमन आइंस्टाइन को इस बात का गर्व था कि उनके घर का वातावरण यहूदी संस्कारों से ग्रस्त नहीं है। वह अक्सर धर्म के खिलाफ बहुत सारी बातें कह दिया करते थे। आइंस्टाइन के किशोर मन पर इन धर्मविरोधी बातों का अच्छा असर नहीं पड़ता था, क्योंकि घर से बाहर जो माहौल होता था, उसमें अनेक दोस्तों की रुचियाँ अपने पारम्परिक यहूदी संस्कारों से ओत-प्रोत हुआ करती थीं। दुर्भाग्य से आइंस्टाइन उन दिनों किसी की बात पर अपनी प्रतिक्रिया बहुत कम जताया करते थे, क्योंकि उनका भाषाज्ञान बहुत ही कम था। औरों की तुलना में उनका मानसिक विकास कम समझा जाता था। इसलिए कुछ लोग उन्हें घामड़ दिमाग का भी समझा करते थे। यहाँ तक कि उनकी परिचारिका भी उन्हें 'बुद्धू' कहकर ही पुकारा करती थी।

आइंस्टाइन का भाषाज्ञान कभी भी अच्छा नहीं रहा। बचपन में शब्दों के उच्चारण वह बहुत गलत ढंग से किया करते थे और उनकी शब्द-सामर्थ्य भी काफी कम थी। अंग्रेजी भाषा पर तो उनकी पकड़ और भी कम थी और बाद के वर्षों में जब आइंस्टाइन अमेरिका में रह रहे थे, उस वक्त काम चलाने भर के लिए वे मुश्किल से अंग्रेजी के तीन-चार सौ शब्द ही जानते थे।

क्योंकि परिवार में धार्मिक वातावरण के प्रति कोई उत्साह नहीं था, इसलिए इस चुप्पा किस्म के बालक ने प्रकृति की ओर अपनी दिलचस्पी बढ़ाई। आइंस्टाइन जब पाँच साल के थे, तब उनके पिता ने उनके हाथों में एक कम्पास पकड़ा दिया था। आइंस्टाइन का बालमन इस यंत्र को देखते ही पुलक उठा। वह हर वक्त कम्पास के साथ खेलते रहते। धीरे-धीरे इस यंत्र ने उनकी बुद्धि पर भी अपना जादुई प्रभाव डालना शुरू कर दिया।

इन्हीं दिनों उनके पिता ने बिजली के सामान बनाने की एक छोटी फैक्ट्री लगाई और देखते-ही-देखते उनका यह धंधा खूब चल पड़ा। शुरू में खूब कमाई हुई और अब वह निर्धन बस्ती का अपना पुराना मकान

छोड़कर एक ऐसे बड़े मकान में आकर रहने लगे, जिसमें एक सुंदर बगीचा भी था।

छः साल का होने पर आइंस्टाइन को स्कूल में भेजा गया। स्कूली पढ़ाई से उन्हें कभी भी खास दिलचस्पी नहीं रही। पढ़ाई के साथ-साथ उनकी माँ ने; जिन्हें संगीत से विशेष लगाव था और जो बीथोवन की धुनें बहुत अच्छा बजाना जानती थीं, बेटे अल्बर्ट के लिए एक वायलिन खरीदा और उन्हें संगीत की विधिवत शिक्षा देने का इंतजाम भी कर लिया। छः वर्षों तक लगातार आइंस्टाइन वायलिन पर रियाज करते रहे और फिर उस पर मुकम्मल धुनें बजानी शुरू कर दीं। उन्हें वायलिन बजाता हुआ देखकर उनकी माँ बेहद खुश होती थीं और इस नाते वह आइंस्टाइन को बहुत अधिक प्यार भी करती थीं।

पाठ्यपुस्तकों से अरुचि और संगीत से अत्यधिक लगाव के चलते आइंस्टाइन कुछ अलग किस्म के लड़के होते गये। अब उन्हें एकान्त अधिक भाता था। बारह साल का होने पर उन्हें म्यूनिख की एक प्रसिद्ध हाईस्कूल लुईपोल्ड जिम्नाजियम में पढ़ने के लिए भेज दिया गया। इस स्कूल का अनुशासन काफी सख्त था। यहाँ ग्रीक और लेटिन भाषाएँ भी पढ़ाई जाती थीं। इन सब कारणों से आइंस्टाइन यहाँ काफी दुखी रहने लगे। भाषाओं के अलावा उन्हें खेलकूद और व्यायाम से भी सख्त नफरत थी। शारीरिक स्वास्थ्य के प्रति उनकी इस लापरवाही ने बाद में उन्हें हृदय रोगी बना दिया था।

लुईपोल्ड जिम्नाजियम में आइंस्टाइन एक मात्र यहूदी लड़के थे। इस स्कूल में एक ऐसा अध्यापक भी था, जिसे आइंस्टाइन स्वभाव से बहुत अच्छा मानते थे। इस अध्यापक पर उन्हें काफी विश्वास भी था। लेकिन हकीकत में वह अध्यापक कैथोलिक धर्मान्ध था और एक दिन भरी कक्षा में लोहे की एक कील दिखाकर उसने कहा कि यहूदियों ने इसी कील से ईसामसीह को फाँसी के तख्त पर जड़ा था। बस इस घटना के बाद अगले दिन से आइंस्टाइन के प्रति स्कूल के अन्य बच्चों का व्यवहार एकदम बदलकर रूखा-सूखा-सा हो गया। इसी स्कूल में एक

दूसरा शिक्षक ऐसा था, जिसने आइंस्टाइन की रुचि जर्मन साहित्य के दो महान् कवि गोयथे और शिलर की ओर जगाई थी। तीस वर्ष की उम्र में जब आइंस्टाइन अंतर्राष्ट्रीय स्तर पर ख्याति प्राप्त कर चुके थे, तब एक दिन वह अपने इसी पुराने स्कूल में उस शिक्षक को मिलने के इरादे से आये थे। यह शिक्षक कुछ गफलत में पड़ गया था। वह यह नहीं समझ सका कि उसका पुराना छात्र आइंस्टाइन ही उससे मिलने आया है। उसके दिमाग में यह संदेह घिर आया था कि हो न हो मिलने वाला आदमी उससे पैसे लेने आया हो। आइंस्टाइन को किसी तरह इस स्थिति का अहसास हो गया था, फलस्वरूप वह बिना उस शिक्षक को मिले ही लौट आये।

स्कूली शिक्षा के दौरान यद्यपि आइंस्टाइन इतिहास, भूगोल और भाषाओं को सीखने में काफी कमजोर रहे, लेकिन गणित और विज्ञान में उन्होंने खुद की मेहनत से काफी कुछ सीख लिया था। गणित को सीखने में अंकल जैकब ने उन्हें मदद दी और विज्ञान के प्रति उनकी रुचि बढ़ाने में अंकल कैसर बाख का बहुत बड़ा योगदान रहा। अंकल जैकब ने उनका परिचय पाइथागोरस की प्रमेय से कराया और कुछ ही दिनों के अभ्यास के बाद आइंस्टाइन ने कुछ ऐसे नये तरीके ईजाद कर दिये थे, जिनके जरिये इस प्रमेय के हल उन्होंने आसानी से ढूँढ़ लिये थे। बाद में स्कूल के कोर्स में उन्हें यूक्लिड की ज्यामिति पढ़ने को दी गयी। इस पुस्तक को भी वह काफी तल्लीन होकर पढ़ा करते थे। सोलह वर्ष की उम्र तक पहुँचने से पहले-पहले वह विश्लेषणात्मक ज्यामिति और कैलकुलस (कलन) पर कई महत्त्वपूर्ण किताबें पढ़ चुके थे।

उस समय की सामाजिक परम्परा के अनुसार अन्य यहूदी परिवारों की तरह आइंस्टाइन का परिवार भी सप्ताह में एक दिन किसी गरीब विद्यार्थी को अपने घर पर भोजन के लिए आमंत्रित किया करता था। इसी तरह के एक आमंत्रण के दौरान एक रूसी यहूदी लड़के ने आइंस्टाइन का परिचय 'पीपुल्स बुक ऑन नेचुरल साइंस' वाली पुस्तक शृंखला से कराया। इन पुस्तकों के लेखक ओरोन बर्नस्टाइन थे, जिन्होंने प्राकृतिक

विज्ञान की विस्तृत और सटीक व्याख्याएँ प्रस्तुत की थीं।

जब आइंस्टाइन करीब सोलह वर्ष के थे, तब एक दिन वह इस विचार में सो गये कि यदि कोई आदमी प्रकाश किरण का पीछा ठीक उसी गति से करे जिस गति से प्रकाश भाग रहा है–तब क्या होगा ? गहन चिंतन-मनन के बाद आइंस्टाइन इस नतीजे पर पहुँचे कि ऐसी स्थिति में वह आदमी स्थिर जैसा दिखेगा प्रकाश की गति के साथ-साथ भागने वाले आदमी की इस 'रुकी हुई' जैसी स्थिति, में होने के सवाल ने आइंस्टाइन के दिमाग में ऐसी उथल-पुथल पैदा कर दी, जिसने आगे जाकर सापेक्षता के सिद्धांत को जन्म दिया।

इस बीच विज्ञान के दर्शन पर उन्होंने अनेक पुस्तकें पढ़ डालीं। एक ऐसी किताब जिसने उन्हें बहुत गहरे तक प्रभावित किया, बुखनेर की 'फोर्स एण्ड मैटर' थी। इसे पढ़कर पदार्थवाद की ओर उनकी दिलचस्पी बढ़ी और वे सामाजिक प्रश्नों पर भी गहराई से सोचने लगे। किशोरावस्था के दौरान विज्ञान की इस रहस्यमयी दुनिया के अलावा उन पर बीथोवन, मोत्साई और बाख के संगीत ने भी अच्छा-खासा प्रभाव डाला।

## ज्यूरिख पालिटेक्नीक में दाखिला

तब आइंस्टाइन पंद्रह साल के थे, जब म्यूनिख में उनके पिता का व्यवसाय चौपट होने लगा। खाते-पीते हरमन आइंस्टाइन एकाएक दुखी और उदास रहने लगे। परिवार को भुखमरी से बचाने की खातिर उन्होंने म्यूनिख छोड़ दिया और नये सिरे से अपना भाग्य अजमाने के लिए इटली के मिलान शहर में आकर रहने लगे।

अल्बर्ट आइंस्टाइन को अपने घर का वातावरण कभी पसंद नहीं आया। उनके माँ-बाप दयालु और काफी हद तक मददगार भी थे, परन्तु अपने मध्यवर्गीय संस्कारों में जकड़े होने के नाते अपने पुत्र के विलक्षण स्वभाव की जानकारी उन्हें नहीं थी। इसलिए आइंस्टाइन के साथ उनका व्यवहार हस्बमामूल ही रहा करता था। लड़के की पढ़ाई का हर्जा न हो, इसलिए आइंस्टाइन को उन्होंने म्यूनिख में ही छोड़ दिया था और एक बूढ़ी महिला के साथ उनके रहने-खाने का इंतजाम कर दिया था। माता-पिता से अलग रहने पर स्कूली पढ़ाई अब उनके लिए और भी असह्य होने लगी। इस कष्ट से उबरने के लिए उन्होंने एक तरकीब भिड़ाई। स्कूल के प्रिंसिपल के नाम अपने एक डाक्टर मित्र से उन्होंने इस आशय का पत्र लिखवाया कि वह स्नायुरोग के शिकार हैं और ऐसी हालत में स्कूली पढ़ाई का बोझ उनके लिए घातक होगा।

डाक्टर की यह सिफारिश काम कर गयी और आइंस्टाइन म्यूनिख जिम्नाजियम से पीछा छुड़ा कर बिना सर्टीफिकेट हासिल किये ही माँ-बाप के पास मिलान चले आये। क्योंकि उनके पास सर्टीफिकेट नहीं था,

इसलिए यूनिवर्सिटी में उन्हें दाखिला नहीं मिल सकता था। फलतः कई महीनों तक आइंस्टाइन घर पर ही पड़े रहे। इस दौरान इटली के जनजीवन से वह काफी प्रभावित हुए और जर्मनी के बाद यहाँ के उन्मुक्त वातावरण में उनका मन रमने लगा। उन्होंने जर्मन नागरिकता छोड़ दी और यहूदी समुदाय से भी अपना विशेष लगाव नहीं रखा। बंधनमुक्त जीवन की इच्छा में उन्होंने खुद का एक तरीका विकसित कर लिया था, जिसे वह जिप्सी जीवन के करीब मानते थे।

हैरत की बात यह थी कि मिलान में भी उनके पिता का व्यवसाय मंदा ही रहा। अल्बर्ट आइंस्टाइन को अब अपनी रोजी-रोटी और भविष्य की चिंता सताने लगी। किसी काम-धंधे के प्रति उनकी रुचि थी नहीं, इसलिए जीविका कमाना उन्हें असंभव लग रहा था। आइंस्टाइन के पिता अपने पुत्र की निराशा थोड़ा बहुत ताड़ गये थे। पिता क्योंकि विद्युत इंजीनियरी से संबंधित थे और लड़का गणित में काफी होशियार था, इसलिए स्वाभाविक तौर पर पिता ने उन्हें विद्युत इंजीनियर बनने की सलाह दी। आइंस्टाइन उस वक्त सोलह वर्ष के थे। इंजीनियर बनने के लिए उन्हें ज्यूरिख भेजा गया, ताकि वह ज्यूरिख पालिटेक्नीक की प्रवेश परीक्षा के इम्तहान में बैठ सकें। आइंस्टाइन ने लगभग एक वर्ष से स्कूल का मुँह नहीं देखा था, इसलिए प्रवेश परीक्षा में वह फेल हो गये। गणित और भौतिकी में तो उन्होंने खूब अंक हासिल किये थे, लेकिन बाकी विषयों में सारा कुछ गुड़-गोबर कर आये थे। अगले वर्ष वह पुनः कामयाब हो सकें, इस इरादे से उन्हें अराऊ के एक स्कूल में भेजा गया। अराऊ में पढ़ाई का माहौल काफी अच्छा था। उन्होंने मन लगाकर तैयारी की और एक ही साल में यूनिवर्सिटी में प्रवेश के लिए अपना सर्टीफिकेट हासिल कर लिया। अराऊ में आइंस्टाइन ने कई गाढ़े दोस्त बनाये। जिस शिक्षक के यहाँ वह टिके थे, उनके लड़के ने आइंस्टाइन की बहन के साथ शादी का रिश्ता भी पक्का कर लिया था।

सत्रह वर्ष की उम्र में आइंस्टाइन ने प्रसिद्ध ज्यूरिख पालिटेक्नीक में प्रवेश लिया। इस प्रतिष्ठित इंस्टीट्यूट में आइंस्टाइन ने चार वर्ष तक

पढ़ाई की। पढ़ाई के दिनों में गुजारे के लिए उन्हें एक सौ स्विस फ्रैंक मिला करते थे, यह धनराशि उनके रिश्तेदार भेजा करते थे। क्योंकि माँ-बाप की माली हालत ऐसी नहीं थी कि उनका खर्चा उठा सकते। एक सौ फ्रैंक में आइंस्टाइन का गुजारा मुश्किल से चला करता था, इसलिए कई बार वह भरपेट खाना भी नहीं खा पाते थे। जीवन के अंतिम दौर में आइंस्टाइन को पेट की बीमारियाँ हो गयी थीं, जिनका असली कारण ज्यूरिख में पढ़ाई के दौरान उन्हें अधपेट भोजन मिलना था। ज्यूरिख में उनका झुकाव मुख्यतः भौतिकी की ओर रहा। प्राध्यापकों के लेक्चर सुनना वह यहाँ भी खास पसंद नहीं करते थे। इसके विपरीत उन्होंने किर्च हॉफफ, हेल्महोल्त्स और हेत्र्ज की पुस्तकों का गहन अध्ययन अपने कमरे में बैठकर ही किया। आइंस्टाइन जब ज्यूरिख पालिटेक्नीक में पढ़ रहे थे, उस समय वहाँ गणित के दो नामी प्रोफेसर हरविक्स और हरमान मिंकोवस्की (1864-1909) भी थे। आइंस्टाइन ने इन दोनों प्रोफेसरों से गणित की कई विधाएँ सीखीं, लेकिन अभी तक गणित की इन विधाओं का उपयोग वह अपनी भौतिकी के लाभार्थ नहीं कर पा रहे थे। आगे चलकर आइंस्टाइन ने हरमान मिंकोवस्की द्वारा दिक्काल के चार आयामी स्वरूप के लिए विकसित किये गये गणितीय ढाँचे का काफी उपयोग किया।

ज्यूरिख में गणित और भौतिकी के साथ-साथ उन्होंने कांट और ह्यूम जैसे प्रसिद्ध दार्शनिकों की कृतियाँ भी पढ़ीं। अपनी जवानी के दिनों में उन्होंने शोपेनहावर को भी खूब पढ़ा और आगे चलकर जिंदगी की मुश्किलें पार करने में उसके विचारों से प्रेरणा ग्रहण की।

ज्यूरिख में उनके साथ मिलिवा मैरिक नाम की एक सर्बियन लड़की भी भौतिक शास्त्र पढ़ा करती थी। यह लड़की उम्र में आइंस्टाइन से कुछ बड़ी थी। इन दोनों की दोस्ती आगे चलकर वैवाहिक संबंधों में तब्दील हो गयी थी।

अब आइंस्टाइन ने चार्ल्स डार्विन को पढ़ना भी शुरू कर दिया था। साथ ही उन्होंने कुछ ऐसे वैज्ञानिकों को पढ़ना भी शुरू किया जो

सामाजिक प्रश्नों से जूझ रहे थे। आस्ट्रिया के समाजवादी नेता विक्टर एडलर के पुत्र फ्रेडरिख एडलर के साथ भी आइंस्टाइन की गहरी मित्रता थी। एडलर के क्लास नोट्स बहुत बेहतर हुआ करते थे, इसलिए आइंस्टाइन प्रोफेसरों के लेक्चर सुनने के बजाय एडलर से नोट्स लेकर उन्हीं से अपना काम चला लेते थे। एडलर और आइंस्टाइन दोनों एक ही मकान में साथ-साथ रहा करते थे। उसके साथ रहते हुए आइंस्टाइन ने सामाजिक विषयों का ज्ञान भी हासिल किया। वियना के भौतिक शास्त्री एर्न्स्ट माख के दार्शनिक विचारों का भी उन्होंने अध्ययन किया। न्यूटन के सिद्धांतों पर माख की आलोचना से आइंस्टाइन बेहद प्रभावित हुए और एक तरह से माख के विचारों को आगे बढ़ाते हुए ही उन्होंने सापेक्षता के सिद्धांत का प्रतिपादन किया।

उधार नोट्स माँगने के अलावा आइंस्टाइन दूसरे रूप में भी एडलर के ऋणी रहे। एडलर जब ज्यूरिख पालिटेक्नीक में लेक्चरर के पद पर नियुक्त हुए और कुछ समय बाद जब इसी संस्था में भौतिकी के असिस्टेंट प्रोफेसर की जगह खाली हुई, तब उन्होंने आइंस्टाइन को नियुक्ति दिलाने में काफी मदद की। प्रथम विश्व युद्ध शुरू होने के एक साल बाद 1915 में एडलर को एक दिन यह अहसास हुआ कि आस्ट्रिया का प्रधानमंत्री स्टयूरर्व शांति के रास्ते में एक बड़ी बाधा बन कर खड़ा हो रहा है। एडलर की सोच के अनुसार स्टयूरर्व ही इस युद्ध के लिए दोषी साबित हो रहा था। एक दिन वह ठंडे दिमाग से उस रेस्त्राँ में गया, जहाँ प्रधानमंत्री स्टयूरर्व खाना खा रहा था और एडलर ने उसे गोली मार दी। एडलर बच कर कहाँ जाता ? उसे तुरंत फाँसी दे दी गयी।

ज्यूरिख में रहते हुए आइंस्टाइन विदेशी छात्रों के सम्पर्क में भी आये। इस दौरान उनका वैज्ञानिक और सामाजिक चिंतन जारी रहा। उन्होंने नस्लवादी, धार्मिक और कट्टरपंथी संस्कारों से अपने को मुक्त किया और न सिर्फ यहूदी धर्म बल्कि अन्य सभी तरह के रूढ़िजनित संस्कारों से भी अपना नाता तोड़ डाला। उन्होंने अपने रहन-सहन और पहनावे पर ध्यान देना छोड़ दिया। जुराब, पैजामा, और कॉलर पहनना

उन्होंने छोड़ दिया। इस तरह कपड़ों की धुलाई पर होने वाला खर्च भी उन्होंने कम कर डाला। अब उन्होंने चमड़े की लम्बी और ढीली-ढाली जैकेट पहननी शुरू कर दी थी। इस जैकेट में वह अपने को काफी आरामदेह हालत में महसूस करते थे और मजबूत होने के कारण कपड़े की अपेक्षा चमड़ा फटता भी नहीं था। आइंस्टाइन जब बाद में पर्सियन एकेडमी ऑफ सांइसेज के डायरेक्टर बने तो यहाँ भी उनका पहनावा स्पोर्ट्स शर्ट, फ्लैनल पैंट और टेनिश शू ही था।

ग्रेजुएशन करने के बाद भी आइंस्टाइन को ज्यूरिख पालिटेक्नीक में पक्की नौकरी नहीं मिली। इसकी एक वजह यह भी थी कि उनका एक सीनियर लेक्चरर उन्हें पसंद नहीं करता था। उस लेक्चरर ने पालिटेक्नीक के अधिकारियों के समक्ष आइंस्टाइन के बारे में कभी भी अच्छी राय व्यक्त नहीं की थी। पक्की नौकरी न मिलने के कारण आइंस्टाइन को मजबूर होकर दूसरी जगह नौकरी की तलाश में भटकना पड़ा। एक दिक्कत उनके साथ यह भी थी कि वे स्विस नागरिक नहीं थे, जिस कारण कानून के मुताबिक वहाँ की शिक्षण संस्थाओं में उन्हें नौकरी नहीं मिल सकती थी। अतः आइंस्टाइन ने अब ऐसे प्रयास शुरू कर दिये, जिससे उन्हें स्विस नागरिकता हासिल हो जाए। इस प्रयास में पहली सीढ़ी के बतौर उन्होंने एक क्षेत्रीय टेक्निकल स्कूल में कामचलाऊ तौर पर अस्थायी शिक्षक की नौकरी पकड़ ली। कुछ समय तक यह नौकरी चली और फिर छूट गयी। फिर उनका वास्ता एक कोच से पड़ा। इस कोच ने दो पिछड़े तबके के बच्चों को पढ़ाने का काम आइंस्टाइन को दिया। इन पिछड़े बच्चों को ट्यूशन पढ़ाने में आइंस्टाइन को बहुत मजा आया। उन्होंने विज्ञान की कठिन चीजों को इतनी आसानी से उन बच्चों के दिमाग में बिठा दिया कि उनका कोच ईर्ष्या से जलभुन उठा। उसने फौरन आइंस्टाइन को नौकरी से हटा दिया।

आइंस्टाइन एक बार फिर सड़क पर थे। एकदम दिशाहीन कि कहाँ जाएँ ? क्या करें ? इत्तफाक से इसी बीच उनकी मुलाकात प्रसिद्ध गणितज्ञ मार्शल ग्रौसमन से हुई। ग्रौसमन ज्यूरिख में उनके सहपाठी भी रह चुके

थे। ग्रौसमन ने आइंस्टाइन की मदद करने की सोची। उन्होंने बर्न स्थित स्विस पेटेंट दफ्तर के डायरेक्टर हॉलर के नाम अपने पिता से एक सिफारिशी चिट्ठी लिखवाई कि वह आइंस्टाइन की मदद कर दें। हॉलर एक विलक्षण स्वभाव वाला आदमी था– 1848 की क्रांति के सिद्धांतों के मुताबिक एक पक्का डेमोक्रेट। किसी आदमी को वह उतना ही अहमियत देता था, जितना कि वह वास्तव में उसका पात्र होता था। आइंस्टाइन जब हॉलर से मिले तो उन्होंने सोचा कि हॉलर उनका कुछ ही मिनटों का इंटरव्यू लेंगे और छुट्टी कर देंगे। लेकिन हॉलर ने पूरे दो घंटे तक आइंस्टाइन का इम्तहान लिया और पेटेंट दफ्तर से संबंधित कई सवाल उन्हें हल करने को दिये। कुछ प्रश्नों पर हॉलर ने आइंस्टाइन के विचार भी माँगे थे। आइंस्टाइन को पेटेंट के मामलों की कोई जानकारी नहीं थी। फिर भी हॉलर ने उनकी इस अनभिज्ञता को नजरअंदाज करते हुए यह कह कर नौकरी पर रख लिया कि उनकी टिप्पणियाँ काफी विद्वत्तापूर्ण थीं।

## स्विस पेटेंट दफ्तर में क्लर्की

1902 के पतझड़ में स्विस पेटेंट दफ्तर में आइंस्टाइन की नियुक्ति एक क्लर्क (इंसपेक्टर) के बतौर हुई। उनके साथ इस दफ्तर में ग्यारह क्लर्क और थे। यहाँ काम करते हुए आइंस्टाइन काफी खुश थे। उन्हें गुजारे के लिए ठीक-ठाक वेतन नियमित रूप से मिलने लगा था। काम का बोझ भी अधिक नहीं था। दफ्तर में काम के कुल आठ घंटे थे, लेकिन असली काम सिर्फ तीन या चार घंटों में ही समाप्त हो जाता था। आइंस्टाइन ने इस समय का फायदा उठाया और बचे हुए घंटों में अपना शोधकार्य आगे बढ़ाने लगे। आइंस्टाइन कागज के छोटे-छोटे टुकड़ों पर शोधकार्य की टिप्पणियाँ दर्ज करते और जब भी कोई दफ्तर का आदमी आता, तब उस कागज के टुकड़े को फौरन मेज की दराज के अंदर छुपा देते। इस प्रकार बर्न स्थित स्विस पेटेंट दफ्तर की मेज की वह दराज, जिसमें आइंस्टाइन अक्सर कागजों को छुपा लेते थे, उस चमत्कार का पहला खजाना सिद्ध हुई, जिसमें सापेक्षता के सिद्धांत का अनमोल रत्न छुपा हुआ था। कभी इसी तरह की परिस्थितियों में अंग्रेजी साहित्य की प्रसिद्ध लेखिका जेन आस्टिन ने अपनी महत्त्वपूर्ण कृति 'प्राइड एण्ड प्रिज्यूडिस' भी लिखी थी।

मिलिवा मैरिक अभी भी आइंस्टाइन के दिल में बसी हुई थी, इसलिए नौकरी पाने के करीब एक वर्ष बाद उन्होंने उससे शादी कर ली। एक बहुमंजिली इमारत का सबसे ऊपर वाला फ्लैट उन्होंने किराये पर लिया और उसी में अपनी गृहस्थी बसाई। शादी के बाद उनके जीवन

में वे चरम आनन्द के दिन थे। हँसी-खुशी के बीच ये दिन सरकते गये और 1904 में मिलिवा ने अपने पहले पुत्र को जन्म दिया। पुत्र जन्म के बाद सचमुच आइंस्टाइन बहुत प्रफुल्ल और उल्लसित रहने लगे। अभूतपूर्व तरीके से उनकी सृजनात्मकता भी बढ़ने लगी। इसी दौर में उन्होंने अपने तीन महत्त्वपूर्ण शोध निबंधों की आधारशिला तैयार की–जिनको उन्होंने अपने जीवन के महत्त्वपूर्ण वर्ष 1905 में प्रकाशित करवाया। निस्संदेह 1905 का वर्ष उपलब्धियों के हिसाब से उनके लिए बेहद गौरवशाली और चमत्कारपूर्ण रहा।

पैराम्बुलेटर में बच्चे को बिठाकर वह उसे घुमाने निकल पड़ते। बच्चे की मुस्कान और सुबह की ताजा हवा का झोंका उनके दिमाग को काफी उर्वर बना देते। नया विचार कौंधते ही वह फौरन घर में आकर उसे नोट कर डालते। इस तरह एक नवजात शिशु की अबोध मुस्कान भी आइंस्टाइन को नये विचारों की खोज के लिए प्रेरित करती रही।

पेटेंट दफ्तर की नौकरी में काम का ज्यादा लफड़ा नहीं था। आइंस्टाइन को इसीलिए यह नौकरी किसी अध्यापकी या प्रशासनिक पद से अच्छी लगती थी। इस नौकरी में अपना शोधकार्य वह मजे से कर लेते थे, जबकि दूसरे किस्म की नौकरियों में जिम्मेदारी बढ़ जाती थी, इसीलिए आइंस्टाइन वैज्ञानिकों के लिए ऐसा काम ज्यादा बेहतर मानते थे, जिनमें दिमागी खपत कम-से-कम करनी पड़ती हो।

नाजियों द्वारा जर्मनी की सत्ता हथियाने के बाद जब 1933 में आइंस्टाइन ने जर्मनी छोड़ी, तब उन्होंने लंदन के अल्बर्ट हॉल में एक विशाल सभा को संबोधित किया था। इस सभा की अध्यक्षता लार्ड रदरफोर्ड ने की थी। इस सभा में आइंस्टाइन ने इस बात पर जोर दिया था कि विज्ञान को बचाने और आदमी के अंदर जानने की इच्छा को सुरक्षित रखने की दिशा में जरूरी कदम उठाये जाने चाहिए। इंगलैंड में यह पहला मौका था, जब आइंस्टाइन किसी बड़ी सभा को संबोधित कर रहे थे और जैसी कि उम्मीद थी, एक बहुत बड़ा जन समुदाय उन्हें सुनने के लिए हॉल में एकत्र हुआ था।

स्नातक की डिग्री लेने से पहले आइंस्टाइन ने एक शोध-पत्र में बोल्त्समान द्वारा प्रतिपादित गैसों के सिद्धांत की आलोचना की थी। इस शोध-पत्र को उनके प्रोफेसर ने नहीं छपने दिया था, क्योंकि उस वक्त मध्य यूरोपीय देशों में बोल्त्समान को सैद्धांतिक भौतिकी का दादा समझा जाता था। 1904 में आइंस्टाइन ने मुख्यतः ताप के सिद्धांत पर पाँच शोध-पत्र लिखे, लेकिन इन पर्चों को पढ़ने पर कहीं से भी ऐसा आभास नहीं होता था कि अगले वर्ष (1905) यह आदमी भौतिकी के क्षेत्र में एक क्रांतिकारी परिवर्तन ला देगा। निस्संदेह इस बीच पहली पत्नी के रूप में मिलिवा मैरिक उनकी जीवनसंगिनी बनी थी और अपने पति के सिर पर विजय का सेहरा बँधवाने में कहीं-न-कहीं उसकी अंतरंग भावनाओं का साथ भी अवश्य रहा होगा।

प्रकाश की गति पर वह सोलह वर्ष की उम्र से ही उलझे हुए थे। उस आदमी को दुनिया कैसी नजर आयेगी जो प्रकाश की गति से ही उसकी सैर करने निकला हो ? ह्यूम के दर्शन से उन्होंने संदेह करने का साहस सीखा था और न्यूटन के गणितीय आकलन में जो अस्पष्टताएँ थीं, उनके बारे में माख के नतीजों से काफी कुछ सीखा था। सैद्धांतिक भौतिकी के नवीनतम विषयों का अध्ययन करने के बाद वह इसमें महारत हासिल कर चुके थे। इस समस्या का काफी बड़ा हिस्सा 1881 में मिकेल्सन द्वारा प्रतिपादित इस बुनियादी खोज से संबंधित था, जिसमें यह बताया गया था कि प्रकाश की गति हमेशा स्थिर रहती है, भले ही उसका स्रोत गतिमान हो अथवा अचल।

दिक् (और समय) के बारे में प्रचलित पुरानी धारणाओं के अनुसार इस विषय से संबंधित अनेक तथ्य तार्किक दृष्टि से सही नहीं बैठते थे। वस्तुतः प्रकाश जिस गति से यात्रा करता है, उस गति का निर्धारण उसके स्रोत से होना चाहिए था। यदि एक लैम्प एक सीधी रेखा में निरंतर आगे बढ़ रहा है, तब वस्तुतः प्रकाश की गति के साथ लैम्प की गति भी अवश्य जुड़नी चाहिए थी। लेकिन अब तक के प्रयोगों से ऐसा सिद्ध नहीं हो पा रहा था।

आइंस्टाइन ने इसी समस्या पर विचार करना शुरू किया और अंततः इसका हल ढूँढ़ निकाला। उनके द्वारा प्रतिपादित सापेक्षता के सिद्धांत का सारांश इस प्रकार है :

दिक् और समय को सिर्फ गतिमान वस्तुओं (आकार अथवा पिंड) के संदर्भ में ही समझा जा सकता है या फिर जिन वस्तुओं (अथवा आकारों) को आदमी वास्तविक रूप में जानता है, उन्हीं के संदर्भ में दिक् और समय का महत्त्व है। निरपेक्ष (स्वतंत्र) दिक् और निरपेक्ष समय, जिनकी परिकल्पना पदार्थ से परे हो–मनगढ़ंत ही हैं, हकीकत में इनका कहीं अस्तित्व नहीं होता। आइंस्टीन ने दूसरी महत्त्वपूर्ण बात यह बताई कि किन्हीं दो घटनाओं की समकालिकता (simultaneity) का विचार सीमित महत्त्व ही रखता है, क्योंकि एक साथ घटने वाली ऐसी दो घटनाएँ यदि एक पर्यवेक्षक को समान दिखती हैं, तो दूसरे किनारे पर खड़े पर्यवेक्षक को उतनी समान न दिखती हों।

इस प्रकार आइंस्टाइन ने प्रकाश की गति के साथ स्थिरता की जो पहेली बनी हुई थी, उसे सुलझा लिया था। पाँच हफ्तों तक दिन-रात जूझते हुए उन्होंने अपना यह शोध-पत्र तैयार किया था, जिसमें सिर्फ तीस पृष्ठ थे।

1926 में आइंस्टाइन अपनी पत्नी के साथ केलिफोर्निया विश्वविद्यालय में भाषण देने गये थे। प्रसिद्ध फिल्म अभिनेता चार्ली चैपलिन पहली बार उनसे वहीं मिले थे। चैपलिन ने आइंस्टाइन दम्पती को दावत पर बुलाया था। भोजन के दौरान आइंस्टाइन की पत्नी ने जिस दिन उनके पति ने सापेक्षता का सिद्धांत खोजा था, उसका वाकया इस प्रकार सुनायाः "डाक्टर (आइंस्टाइन) हमेशा की तरह ड्रेसिंग गाऊन पहने नाश्ता के लिए आये, लेकिन उन्होंने एक भी चीज नहीं छुई। मैंने सोचा इनके साथ जरूर कुछ-न-कुछ गड़बड़ होगी, इसलिए पूछ ही लिया कि आखिर उन्हें कौन-सी चिंता सता रही है ? 'डार्लिंग,' उन्होंने कहा–'मेरे दिमाग में एक अद्‌भुत विचार आया है,' इतना कहकर उन्होंने कॉफी पी और फिर पियानो बजाना शुरू कर दिया। पियानो बजाते-बजाते वह बीच में

अचानक रुक जाते और फिर कहते–'मेरे दिमाग में एक अद्‌भुत विचार आया है। एक विलक्षण विचार।'

मैंने कहा–'आखिर ऐसा क्या विचार आया है, मुझे भी तो बताइये। मुझे क्यों संशय में रखे हुए हैं।' उन्होंने कहा–'वह काफी मुश्किल है। अभी उस पर मुझे और काम करना होगा।' इसके बाद आधा घंटे तक वह और पियानो बजाते रहे और फिर ऊपर की मंजिल पर अपनी स्टडी में चले गये। ऊपर जाते हुए उन्होंने कहा कि उनके काम में कोई बाधा मत पहुँचाना। दो सप्ताह तक वह स्टडी में ही जमे रहे। शाम को वह थोड़ी दूर तक टहलने जाते और अपने काम पर वापस लौट आते। आखिरकार एक दिन वह स्टडी से नीचे उतरे। उनका चेहरा पीला पड़ा हुआ था। हाथ में कागज के दो पन्नों को थामे हुए शिकस्त हालत में उन्हें मेज पर रखते हुए उन्होंने कहा–'यह रही वह चीज !' "

शोध-पत्र पूरा करने के बाद आइंस्टाइन दिमागी रूप से काफी विचलित हो गये थे। उन्हें मानसिक आघात जैसी बीमारी लग गयी थी। इस शोध-पत्र के साथ उन्होंने किसी प्रकार की संदर्भ ग्रंथों की सूची भी नहीं प्रस्तुत की थी, क्योंकि उनके अनुसार यह विषय तब तक अछूता था। अपने शोध-पत्र का शीर्षक उन्होंने 'डीलिंग विद द इलेक्ट्रोडायनामिक्स ऑफ मूविंग बॉडीस' दिया था। 39 वर्षों बाद सन् 1944 में उनके इस शोध-पत्र की एक पांडुलिपि का नीलाम अमरीका की कसांस सिटी में 60 लाख अमरीकी डॉलर में हुआ था। यह धनराशि उन्होंने अमरीका की लाइब्रेरी कांग्रेस को भेंट स्वरूप प्रदान कर दी थी।

दिक् (Space) और समय (Time) के बारे में न्यूटन की जो अवधारणाएँ अब तक चली आ रही थीं, उनसे आइंस्टाइन को अलग होना पड़ा था। उन्होंने प्रचलित परिभाषाओं की व्याख्या एकदम दूसरे ढंग से प्रस्तुत की, जबकि ऐसा करने का दुस्साहस पिछले दो सौ वर्षों में कोई नहीं कर पाया था। यह सही है कि अपने जमाने की ज्ञान की सीमाओं के अनुसार न्यूटन की अवधारणाएँ गलत नहीं कही जा सकती थीं, लेकिन आइंस्टाइन ने इन परिभाषाओं को नये संदर्भों के साथ जाँच कर उन्हें

सर्वथा नये एवं सटीक ढंग से प्रस्तुत कर दिया था।

भौतिकी के क्षेत्र में आइंस्टाइन ने दूसरी बड़ी खोज प्रकाश के क्वांटम (Quantum) सिद्धांत पर की। मैत्स फ्लैंक (1858-1947) ने 1900 में यह खोज की थी कि गर्म वस्तुओं से जो ऊर्जा निष्कासित होती है, वह इकाइयों (यूनिट्स) में क्षरित (Emitted) होती है। दूसरे शब्दों में फ्लैंक ने ऐसी क्षरित होने वाली इकाइयों को क्वांटा (Quanta) कहा था, जो कि सीमित आकार (Finite Size) के होते हैं। 1900 से पहले तक यह माना जाता था कि ऊर्जा लगातार ग्रहण (Conceived) होती है। जब एक गर्म वस्तु ठंडी होती है, तब ऐसा लगता है कि उससे विकसित होने वाली ऊर्जा लगातार घटती जाती है। लेकिन फ्लैंक खुद अपनी इन स्थापनाओं के प्रति कहीं-न-कहीं संदिग्ध भी था। बावजूद इसके आधुनिक अणु भौतिकी की शुरुआत का श्रेय मैक्स फ्लैंक को ही जाता है। फ्लैंक कई वर्षों तक बर्लिन विश्वविद्यालय में सैद्धांतिक भौतिकी के प्रोफेसर रहे थे।

पेटेंट दफ्तर में क्लर्की के दौरान आइंस्टाइन ने फ्लैंक की इस खोज पर भी क्रांतिकारी दृष्टिकोण अपनाया। उन्होंने यह माना कि ऊर्जा वस्तुतः पृथक् इकाइयों या विरल (क्वांटा) में विकसित होती है और फिर यह देखा कि क्या उनके इस विचार से प्रकृति की किसी अनसुलझी समस्या को हल होने में कोई मदद मिल सकती है। लगभग सौ वर्षों से भी अधिक समय से भौतिक शास्त्री इस तथ्य से पूर्णतया संतुष्ट थे कि प्रकाश एक तरंग गति (Wave Motion) के जरिये विकरित (Transmitted) होता है। प्रकाश के विकिरण का यह तरंग सिद्धांत बहुत ही बेहतरीन और परिपक्व तरीके से समझाया गया था और प्रकाश विज्ञान (Optics) में इसके सटीक प्रयोग भी किये गये थे। इसके बाद उन्नीसवीं सदी के अंत में फोटो-इलेक्ट्रिक प्रभाव की खोज हुई। इस सिद्धांत पर ही आधुनिक टेलीविजन की नींव पड़ी। जब जस्ता और कुछ खास दूसरी धातुओं को प्रकाश की एक रश्मिदंड (Beam) से प्रदीप्त (Illuminate) किया जाता है, तब यह पाया जाता है कि इन पदार्थों से इलेक्ट्रान बाहर

निकल पड़ते हैं, लेकिन ऐसा तब तक नहीं होता, जब तक कि प्रकाश की तरंग एक निश्चित लम्बाई न लिए हुए हो।

दूसरी बात यह थी कि जब इलेक्ट्रान बाहर निकल पड़ते हैं तो उन सभी में एक-सी समान ऊर्जा और गति होगी, जैसा कि मशीनगन से निकली हुई गोलियों में समान गति होती है। इस प्रकार प्रकाश की एक रश्मिदंड (Beam), यदि उसकी तरंगें काफी छोटी हैं, एक ट्रिगर जैसा काम निष्पादित करती है, जिसके चलते धातु से इलेक्ट्रान कणों की बौछार होने लगती है। यदि प्रकाश बीम और अधिक सघन बना दी जाती है, तब धातु से छूटने वाले इलेक्ट्रान की गति बढ़ती नहीं है, बल्कि उनकी संख्या अवश्य बढ़ जाती है। यह परिघटना (Phenomena) प्रकाश के बारे में अब तक प्रचलित तरंग सिद्धांत के जरिये नहीं सत्यापित की जा सकती थी, लेकिन आइंस्टाइन ने इसे बहुत आसान तरीके से इस तरह समझा दिया कि यदि हम प्रकाश की बीम को पृथक् इकाइयों से निर्मित चीज मान लें, तो यह समस्या हल हो जाती है। इन विरल इकाइयों को उन्होंने फोटोन नाम दिया, जो दूसरे अर्थों में प्रकाश के अणु ही होते हैं। आइंस्टाइन ने यह सिद्ध किया कि इन फोटोन की ऊर्जा प्रकाश के तरंग दैर्घ्य से जुड़ी होती है, जैसा कि फ्लैंक का क्वांटम सिद्धांत भी हमें बताता है। इस संबंध में आइंस्टाइन का क्रांतिकारी शोध-पत्र अत्यधिक सटीक और स्पष्ट आकलनों के साथ प्रकाशित हुआ, जो सिर्फ सोलह पृष्ठों का था। यह भी आश्चर्य की बात है कि आइंस्टाइन को 1921 में जो नोबल पुरस्कार प्रदान किया गया, वह उनकी इसी खोज–'प्रकाश का क्वांटम सिद्धांत' के लिए था, न कि सापेक्षता के सिद्धांत के लिए।

1905 में सापेक्षता के सिद्धांत पर आइंस्टाइन का शोध-पत्र छपने के तुरंत बाद कई दिग्गजों ने उनकी तारीफ की। मैक्स फ्लैंक ने उन्हें बर्न के पते पर चिट्ठी भेजकर बधाई दी। पोलैंड के प्रसिद्ध भौतिकशास्त्री वित्कोवस्की ने सापेक्षता का सिद्धांत पढ़ने के बाद अपने साथियों के बीच यह उद्‌गार प्रकट किये थे कि इस दौर में भी 'एक नया कोपर्निकस' पैदा हो गया है। कोपर्निकस से उन्होंने आइंस्टाइन की तुलना उचित ही की

थी, क्योंकि न्यूटन का काम ज्यादातर प्रयोगात्मक विज्ञान और गणित के क्षेत्र में ही महत्त्वपूर्ण था, जबकि कोपर्निकस आइंस्टाइन की ही तरह नये विचार और सिद्धांतों का अन्वेषक था।

पेटेंट दफ्तर की नौकरी के दिनों में 1905 से पहले तक आइंस्टाइन अपने विचारों का आदान-प्रदान अपनी पत्नी मिलिवा, एक युवा इंजीनियर दोस्त बेसो, एक रोमानियाई छात्र सोलोविनी और एक गणितज्ञ हाविरष्ट के साथ किया करते थे, लेकिन शोध-पत्र छपने के बाद ज्यूरिख पालिटेक्नीक में कुछ ऐसे दूरदर्शी विद्वान भी थे, जो अब यह चाहने लगे थे कि उनकी नियुक्ति वहाँ प्रोफेसर के पद पर हो जानी चाहिए। लेकिन आइंस्टाइन के पास अकादमिक योग्यता और अध्यापन का कोई अनुभव नहीं था। अतः ऐसी व्यवस्था की गयी कि वह पहले बर्न यूनिवर्सिटी में जाकर कुछ लेक्चर दिया करें और साथ-साथ पेटेंट दफ्तर की नौकरी भी करते रहें, ताकि बाद में उन्हें बिना किसी प्रशासनिक दिक्कत के ज्यूरिख में बुलाया जा सके। बर्न-यूनिवर्सिटी में लेक्चर देने के दौरान उनके पास सिर्फ दो छात्र ही आते थे, जिनमें से एक उनका इंजीनियर दोस्त बेसो ही हुआ करता था। आइंस्टाइन अपने लेक्चर किसी बने-बनाये ढर्रे पर न देकर लीक से हटकर ही दिया करते थे।

एक दिन आइंस्टाइन की प्रतिभा का आकलन करने के इरादे से ज्यूरिख पालिटेक्नीक के एक सीनियर प्रोफेसर ने उनका एक लेक्चर सुना। ज्यूरिख का यह प्रोफेसर उनका लेक्चर सुनकर कतई संतुष्ट नहीं हुआ। लेक्चर खत्म होने के बाद उसने आइंस्टाइन से कहा कि यदि उनके पढ़ाने का यही ढर्रा रहा तो उन्हें ज्यूरिख में किसी भी हालत में नौकरी नहीं मिल सकती है। आइंस्टाइन ने जबाव में उस प्रोफेसर से कहा कि यदि ज्यूरिख में उन्हें नौकरी नहीं मिलती है तो उन्हें इस बात का कोई मलाल नहीं होगा, क्योंकि पेटेंट दफ्तर की क्लर्की में भी वह काफी संतुष्ट हैं।

# ज्यूरिख पालिटेक्नीक में अध्यापन

1908 में आइंस्टाइन को साल्त्सबुर्ग में आयोजित एक अंतर्राष्ट्रीय कांग्रेस में बुलाया गया। यह पहला मौका था, जब अपने समकालीन प्रमुख वैज्ञानिकों के साथ उनका मेल-मिलाप हुआ। इस कांग्रेस में भाग लेने के बाद 1909 में उन्हें ज्यूरिख पालिटेक्नीक में असिस्टेंट प्रोफेसर के पद पर नियुक्ति मिल गयी। यह पद मिलने पर आइंस्टाइन को विशेष आर्थिक लाभ तो नहीं हुआ, लेकिन अकादमिक क्षेत्र में उन्हें विशेष दर्जा और सम्मान मिलने लगा। यहाँ रह कर दूसरा फायदा यह हुआ कि उनके काम की प्रकृति बदलकर अब सिर्फ शोध की ओर ही रह गयी।

ज्यूरिख आने पर उनके दूसरे पुत्र एडुवार्ड का जन्म हुआ। 1909 में उनका परिचय भी भौतिकशास्त्र के डच प्रोफेसर एच.ए. लोरेंत्स से हुआ। अपने समकालीनों में आइंस्टाइन प्रोफेसर लोरेंत्स से सर्वाधिक प्रभावित हुए। लोरेंत्स उम्र में आइंस्टाइन से काफी बड़े थे और वह उनको बहुत चाहते थे। अपने उत्तम चरित्र और अद्वितीय गुणों के कारण लोरेंत्स हर वैज्ञानिक गोष्ठी में सबका आदर पाते थे। भौतिकी में प्रकांड क्षमता होने के अलावा प्रोफेसर लोरेंत्स एक अच्छे भाषा शास्त्री भी थे। उनका स्वभाव अत्यधिक विनम्र और दयालु भी था। आमतौर पर उन्हें हर वैज्ञानिक गोष्ठी का अध्यक्ष चुन लिया जाता था और अपनी विलक्षण प्रतिभा का परिचय देते हुए बहस का संचालन वह बहुत कुशल तरीके से करते थे।

आइंस्टाइन ने इन्हीं लोरेंत्स महाशय को अपना बौद्धिक मसीहा

मान लिया और आगे के जीवन में विज्ञान के कठिन रास्ते पर इन्हीं का हाथ पकड़कर वह आसानी से आगे बढ़ते गये। 1912 में लाइडन यूनिवर्सिटी में आइंस्टाइन की नियुक्ति विजिटिंग प्रोफेसर के पद पर की गयी। इसी यूनिवर्सिटी में लोरेंत्स भी पढ़ाते थे। लाइडन में वह 16 वर्षों तक विजिटिंग प्रोफेसर के पद पर बने रहे। अब उनके पास दो बच्चे थे और गुजारे के लिए असिस्टेंट प्रोफेसर के वेतन पर काम करते रहना उन्हें मुश्किल हो रहा था। 1911 में उन्हें प्राग स्थित जर्मन यूनिवर्सिटी में पूर्ण प्रोफेसर के पद पर नियुक्ति मिली, जिसे उन्होंने यह समझकर स्वीकार कर लिया कि जीवनयापन के लिए कम पैसों में गुजारा चलाना अब उनके लिए कठिन था। उस वक्त प्राग में दो यूनिवर्सिटियाँ थीं। एक तो प्राचीन चार्ल्स यूनिवर्सिटी थी, जो मध्य यूरोप की प्राचीनतम अध्ययन केन्द्र के रूपें विख्यात थी। और दूसरी जर्मन यूनिवर्सिटी थी, जिसकी स्थापना एक स्लाव राष्ट्र में जर्मन आधिपत्य बनाये रखने के इरादे से की गयी थी। इस यूनिवर्सिटी का वातावरण आइंस्टाइन को अकादमिक कम और राजनीतिक अधिक लगता था। लेकिन इस सबसे बचने के लिए उन्होंने खुद को राजनीतिक पचड़ों से बिलकुल अलग रखा और पूरी तौर पर खुद को शोध संबंधी कार्यों में ही व्यस्त रखा। प्राग की सुंदर गलियों में टहलते समय भी उनके दिमाग में सापेक्षता का सिद्धांत मँडरा रहा होता। उनके दिमाग में अनेक प्रश्न आते-जाते रहते। टहलते हुए सहसा कभी उनके पाँव रुक जाते और अगले क्षण कुछ ठिठक कर फिर आगे बढ़ जाते।

प्राग की गलियों में घूमने के दौरान उन्होंने 'सामान्य सापेक्षता के सिद्धांत' (General theory of relativity) पर नये ढंग से विचार करना शुरू कर दिया। नयी भौतिक धारणाओं का सूत्रपात करते हुए उन्होंने कहा कि सामान्य गणित के जरिये इस सिद्धांत को नहीं समझाया जा सकता, अतः उन्होंने इसके लिए अधिक उन्नत किस्म की गणित सीखने की कोशिश की। प्राग के इन दिनों में आइंस्टाइन की जीवनचर्या सामान्यतया वहाँ के जर्मन समुदाय तक ही सीमित थी। चेक भाषा न

जानने के कारण वह अपने ही शोधकार्य में अधिक लीन रहा करते थे। स्विटजरलैंड में जर्मन और चेक नागरिकों के बीच बहुत सारी समस्याएँ थीं। इनसे वह अपने को अलग ही रखा करते थे और खुद को एक बेगाना स्विस समझा करते थे। उनकी पत्नी मिलिवा मैरिक अपने स्लाव नागरिकों की उस राष्ट्रभावना को अच्छी तरह समझती थी, जिसके चलते वे लोग अपनी राष्ट्रीय स्वतंत्रता के लिए संघर्षरत थे। इसलिए पति के रवैये से वह कुछ खिन्न-सी रहने लगी। फलस्वरूप आइंस्टाइन का अपनी पत्नी के साथ पहले जैसा प्रेम व्यवहार बदल गया और दोनों के बीच अलगाव के बीज पनपने लगे।

डेढ़ वर्ष तक प्राग में रहने के बाद आइंस्टाइन को पुनः पूर्ण प्रोफेसर के पद पर ज्यूरिख में वापस बुला लिया गया। ज्यूरिख आकर वह फिर प्रसन्न रहने लगे और फिर पूरी ऊर्जा के साथ सामान्य सापेक्षता के सिद्धांत पर काम करने लगे। यहाँ उन्हें अपने पुराने साथी मार्शल ग्रॉसमैन से गणित की गुत्थियाँ सुलझाने में काफी मदद मिली। ज्यूरिख में वापस आये हुए अभी उन्हें ज्यादा समय नहीं हुआ था कि तभी बर्लिन से उन्हें एक महत्त्वपूर्ण पद का न्यौता मिला। जर्मन साम्राज्य की महत्ता सिद्ध करने के उद्देश्य से बर्लिन में कैसर विल्हेम सोसायटी की स्थापना 1911 में हो ही चुकी थी। इस संस्था में विश्व के महान् वैज्ञानिकों को आकृष्ट करने के उद्देश्य से बहुत ही बेहतरीन सेवा शर्तों के साथ ऊँची-ऊँची तनखाहें देकर प्रोफेसर पद की नियुक्तियों पर बुलाया जा रहा था। इन्हीं पदों में से एक नियुक्ति पर प्रसिद्ध डच रसायनशास्त्री फॉट होफ्फ को बुलाया गया था, इस संस्था में आने के बाद जिनकी मृत्यु 1913 में हो गयी थी। प्रसिद्ध वैज्ञानिक प्लैंक और नेन्स्र्ट भी इसी संस्था में कार्यरत थे, जो आइंस्टाइन को यहाँ बुलाने के लिए काफी प्रयास कर रहे थे। ये दोनों प्रोफेसर आइंस्टाइन को राजी करने के लिए खुद उनके पास ज्यूरिख गये थे। जर्मनी में कार्यरत सभी प्रोफेसर वहाँ की सिविल सेवा के सदस्य भी हुआ करते थे और एक प्रकार से वे सभी जर्मन नागरिक भी होते थे। आइंस्टाइन को बर्लिन अधिक पसंद नहीं था, लेकिन इस

पद की गरिमा और अन्य सुविधाओं का लालच ऐसा था, जिसे वे आसानी से छोड़ भी नहीं सकते थे। काफी सोच-विचार करने के बाद उन्होंने इस शर्त पर यह प्रस्ताव स्वीकार कर लिया कि उनकी स्विस नागरिकता यथावत् बनी रहेगी और औपचारिक रूप से उन्हें बर्लिन में काम करते हुए जर्मन सिविल सर्विस का सदस्य मान लिया जायेगा। उनकी इस सूझबूझ का सबसे बड़ा फायदा बाद में यह मिला कि उन्हें गैलीलियो वाली त्रासदी का शिकार नहीं होना पड़ा। कैसर विल्हेम सोसायटी ने उनकी सभी शर्तें मान लीं और 1914 के शुरू में वह बर्लिन आ गये।

# बर्लिन के दिन

बर्लिन में आइंस्टाइन एक साधारण मध्यवर्गीय फ्लैट में ही रहे। उनके ड्राइंगरूम में एक शानदार काला पियानो के अलावा बाकी कुछ भी नहीं था। कमरे में यदि अनोखा कुछ था तो वह फर्श पर बिछे हुए जर्जर कालीन थे। बर्लिन आने पर आइंस्टाइन और उनकी पत्नी मिलिवा के संबंध और खराब हो गये। फासला दिन-प्रतिदिन बढ़ता गया। उनकी पत्नी और बच्चों ने उनके साथ बर्लिन आना पसंद नहीं किया। वे स्विटजरलैंड में ही रहने लगे, लिहाजा 1919 में उन्होंने अपनी पत्नी से संबंध-विच्छेद कर लिया और अपनी चचेरी विधवा बहन एल्सा के साथ शादी कर ली। एल्सा के साथ कभी बचपन में उन्होंने खूब खेला था। एल्सा की दृष्टि कमजोर थी, इसके बावजूद चश्मा लगाना उसे पसंद नहीं था। घरेलू कामों में आइंस्टाइन हमेशा उसे मदद देते रहते थे। पहली शादी से हुई दो बच्चियों को भी एल्सा अपने साथ लायी थी।

आइंस्टाइन अपने सामान्य सापेक्षता के सिद्धांत की खोज में व्यस्त हुए ही थे कि तभी प्रथम विश्व युद्ध के भूचाल ने दुनिया को हिलाकर रख दिया। अभी बर्लिन वाले घर में वह अपनी नयी गृहस्थी का साज-सामान भी ठीक से नहीं जुटा पाये थे। युद्ध की वजह से बाहर का माहौल एकदम बदल गया था। यहाँ तक कि बुद्धिजीवियों और वैज्ञानिकों की सोच में भी परिवर्तन शुरू हो गया था। यह रुख ताड़ते हुए उन्होंने रोम्या रोलाँ को एक पत्र में लिखा कि, 'अभी तक मेरे जो मित्र साफ व नेक विचारा-धारा के लगते थे, अब वही देशभक्ति के उन्माद

में अंधे हो गये लगते हैं।' इन्हीं दिनों उन्होंने उस खतरनाक घोषणा-पत्र पर हस्ताक्षर करने से मना कर दिया था, जिस पर जर्मनी के 93 प्रख्यात बुद्धिजीवियों (जिनमें वाल्थेर नेन्स्र्ट, मैक्स फ्लैंक और विल्हेम कानरॉड रोएंगटन जैसे वैज्ञानिकों) के हस्ताक्षर किये हुए थे और जिसके मजमून में उन राष्ट्रों को गाली दी गयी थी, जिनके खिलाफ जर्मनी ने यह कह कर हमला कर दिया था कि वे देश एक शांत जर्मन राष्ट्र के खिलाफ षड्यंत्र में शरीक थे। इस घोषणा-पत्र पर आइंस्टाइन ने दस्तखत न करने का कारण यह दिया था कि स्विस नागरिक होने के नाते उन्हें इसके लिए बाध्य नहीं किया जा सकता है। प्रसिद्ध गणितज्ञ डेविड हिल्बर्ट (1862-1943) ने भी इस घोषणापत्र पर दस्तखत नहीं किये थे। इसके बाद आइंस्टाइन ने शांतिकामी बुद्धिजीवी जी. निकोलाई और डब्ल्यू. फार्स्टर की उस अपील पर दस्तखत किये, जिसमें यूरोप के बुद्धिजीवियों से शांति के पक्ष में अपना योगदान देने की बात कही गयी थी।

इस दौरान उन पर शारीरिक हमला तो नहीं हुआ, लेकिन उनके अधिकांश साथियों का व्यवहार उनके साथ कटुतापूर्ण हो गया था। कोढ़ के मरीज की तरह उनसे बचा जाता। पर्सियन विज्ञान अकादमी की बैठकों में भाग लेने जब आइंस्टाइन बुलाये जाते तो उन्हें तिरस्कृत करने के इरादे से जानबूझकर उनके अगल-बगल की कुर्सी पर कोई नहीं बैठता। मार्च 1915 में ऐसी हरकतों के जवाब में उन्होंने प्रतिक्रिया व्यक्त करते हुए लिखा था कि बहुत सारे देशों के वैज्ञानिक ऐसा व्यवहार कर रहे हैं, जैसे 'उनके दिमाग काट कर अलग रख दिये गये हों'।

अनेक प्रकार की मानसिक प्रताड़नाएँ झेलने के बाद उन्होंने सामान्य सापेक्षता के सिद्धांत पर काम जारी रखा और 1915 के पतझड़ में उसे प्रकाशित करवाया। उन्होंने यह खोज कर ली थी कि गुरुत्वाकर्षण को सापेक्षता सिद्धांत क्षेत्र के अंतर्गत लाया जा सकता है और ऐसा करने में गणितज्ञ बेनहार्ड रीमान (1826-1866) के गणितीय सिद्धांतों की सहायता ली जा सकती है। अतः अपने सापेक्षता के सिद्धांत को आइंस्टाइन ने रीमान की अ-यूक्लिडीय ज्यामिति के जरिये ही प्रतिपादित

किया। रीमान की अ-यूक्लिडीय ज्यामिति में त्रिभुज के तीनो कोणों का योग 180° से अधिक होता है। रीमान की ज्यामिति दीर्घवृत्तीय ज्यामिति के नाम से जानी जाती है। इसमें अनंत लम्बाई की कोई सीधी रेखा नहीं होती। सभी सीधी रेखाएँ स्वंय से आकर मिलती हैं, समान लम्बाई की होती हैं और दिक् (Space) सीमाबद्ध होता है। सापेक्षता के सिद्धांत के लिए रीमान का यह कार्य बेहद उपयोगी सिद्ध हुआ। अ-यूक्लिडीय ज्यामिति की शुरुआत पिछली सदी के प्रारम्भ में जर्मनी के महान् गणितज्ञ कार्ल फ्रेडरिक गौस (1777-1855) ने की थी बाद में गौस के काम को रूस के कजान विश्वविद्यालय के गणितज्ञ निकोलाई लोबाचेवस्की (1792-1856) और हंगरी के एक युवा गणितज्ञ यानोस वोल्याई (1802-1860) ने आगे बढ़ाया था। वास्तव में अ-यूक्लिडीय ज्यामिति में छद्म गोलक (सूडोस्पेयर) के अंदर बने किसी त्रिभुज के तीनों भीतरी कोणों का योग 180° से कम और गोल (सर्किल) के अंदर बने त्रिभुज के भीतरी कोणों का योग 180° से अधिक होता है।

अल्बर्ट आइंस्टाइन ने अपने गणितीय समीकरणों से ग्रहों की गतिविधियों का न्यूटन से भी अधिक सूक्ष्म और सटीक परिणाम निकालकर सापेक्षता का सिद्धांत स्थापित किया और यह निष्कर्ष निकाला कि अ-यूक्लिडीय ज्यामिति ही विशाल विश्व की वास्तविक ज्यामिति है।

लगभग एक शताब्दी तक यह जाना जाता था कि बुध ग्रह के मार्ग में एक मामूली सा विपथन (आकाशीय पिंडों का अपनी स्थिति से हटा हुआ दिखना) है। इस विपथन को न्यूटन के सिद्धांत से नहीं समझा जा सकता था। यह विपथन एक अंडाकार मार्ग पर सूर्य के चारों ओर परिक्रमा करते रहने से होता है, लेकिन प्रत्येक वर्ष निर्दिष्ट मार्ग थोड़ा-सा हट जाता है। वास्तव में यह अंडाकार मार्ग भी सूर्य का चक्कर लगाता है, जो 30 लाख वर्षों में पूरा होता है। आइंस्टाइन ने 28 नवम्बर 1915 को सोमरफील्ड को अपनी खोज का खुलासा करते हुए लिखा कि–'अब जो चमत्कारिक चीज मैंने अनुभव की है वह यह है कि न्यूटन के सिद्धांत से जो परिणाम निकला है वह न सिर्फ प्रथम अनुमान है बल्कि न्यूटन

ने बुध की ग्रहकक्षा के उस निकटतम बिन्दु की ओर की गति, जहाँ वह सूर्य से निकटतम दूरी पर आता है (पेरिहीलियन मोशन) प्रति शताब्दी 43 इंच के हिसाब से मानी है, जो कि न्यूटन का दूसरा गलत अनुमान है। क्योंकि सूर्य की रोशनी की जो पथच्युति (Defelection) है, उससे जो परिणाम सामने आता है, वह न्यूटन द्वारा दी गयी संख्या का दोगुना आता है।'

यह वास्तव में आइंस्टाइन की अद्‌भुत खोज थी और इससे यह भी सिद्ध होता था कि उनका दिमाग कितना विलक्षण और सूक्ष्मदर्शी है। आश्चर्यजनक बात यह भी थी कि न्यूटन जिन दिनों अपने गुरुत्वाकर्षण सिद्धांत पर काम कर रहे थे, वह विग विद्रोह (इंग्लैंड में 1679 में जेम्स इयूक ऑफ मार्क को सत्ताच्युत करने के लिए छिड़ा आंदोलन, जिसमें विग और टोरी पार्टियों के बीच तीव्र संघर्ष चला था) का दौर था और आइंस्टाइन जब सामान्य सापेक्षता के सिद्धांत पर उलझे हुए थे, वह दौर प्रथम विश्व युद्ध का था।

वैज्ञानिक जगत् में ऐसे युगांतकारी उद्‌घाटनों के बावजूद आइंस्टाइन अपनी खोजों के प्रति बहुत विनम्र रहते थे। वह अक्सर कहा करते थे कि भौतिकी में मैक्सवेल और फराडे का योगदान उनसे कहीं अधिक है। फराडे और मैक्सवेल द्वारा ईजाद की गयी विद्युत-चुंबकीय धारणाओं को वे आधुनिक विज्ञान की सर्वोत्तम धारणाएँ माना करते थे। न्यूटन की खोजों को भी वह बहुत सम्मान देते थे। वह न सिर्फ न्यूटन के द्वारा ढूँढ़े गये गति के सिद्धांतों को तवज्जोह देते थे, बल्कि उनके द्वारा ईजाद आकलन गणित (Defferential Calculation) को भी बहुत सम्मान देते थे, जो किसी एक व्यक्ति द्वारा की गयी उस वक्त की सबसे बड़ी खोज थी।

आइंस्टाइन ने अपने नये परिणामों को 1916 में प्रकाशित करवाया। अब अगले कदम के रूप में उन्हें अपनी वह भविष्यवाणी सिद्ध करनी थी, जिसमें उन्होंने यह कहा था कि सूर्य की संहिति से प्रकाश की किरणों में जो झुकाव (bent) आता है, उसका परिणाम (amount)

सही है या नहीं। इसे सिर्फ उसी हालत में सिद्ध किया जा सकता था जब किसी पूर्ण सूर्यग्रहण के दौरान तारों का बहुत निकट से अध्ययन किया जाय। ऐसा इसलिए कि तारे से निकलने वाली रोशनी जब सूर्य से होकर गुजरेगी तो अवश्य मुड़ेगी और इस मुड़ने के परिमाण का पता तभी लगाया जा सकेगा, जब यह नाप-जोख की जायेगी कि तारे की आकाश में जो वास्तविक स्थिति है, उस स्थिति से वह कितना हटकर दिखाई दिया है।

जर्मनी इस वक्त चारों ओर युद्ध में उलझा हुआ था। इस कारण वह अपने खगोलविदों को ऐसे बाहरी देशों में नहीं भेज सकता था, जहाँ से कि पूर्ण सूर्यग्रहण दिखाई देता। ऐसे नाजुक मौके में डच खगोलविद डी. सिटर को आइंस्टाइन के शोध-पत्रों की प्रतिलिपियाँ प्राप्त हुईं। उन्होंने इनमें से एक प्रतिलिपि लंदन की रॉयल एॅस्ट्रॉनामिकल सोसायटी को भेज दी। उस वक्त सोसायटी के सेक्रेटरी ए.एस. इडिंगटन थे, जिन्हें सरकारी तौर पर डाक द्वारा यह शोधपत्र प्राप्त हुआ। इडिंगटन ईसाइयों के क्वेकर समुदाय के सदस्य थे। इस संप्रदाय के कुछ खास विश्वास होते हैं और इन लोगों की सभायें बिना पादरियों के होती हैं। इडिंगटन इंगलैंड के उन गिनेचुने वैज्ञानिकों में से एक थे, जो प्रथम विश्वयुद्ध से नहीं जुड़े थे, इसके अलावा इडिंगटन इंगलैंड में एकमात्र ऐसे वैज्ञानिक थे जो आइंस्टाइन के शोध-पत्र को समझने की पूरी काबलियत रखते थे। उनके बारे में एक रोचक किस्सा यह प्रचलित था कि एक बार इडिंगटन के एक दोस्त ने उनसे आकर कहा कि विश्व में ऐसे केवल तीन ही आदमी हैं, जो सापेक्षता के सिद्धांत को समझते हैं। दोस्त की बात पर जब इडिंगटन बड़े हतप्रभ होते हुए दिखे तो उनके मित्र ने कहा कि आप इतना परेशान क्यों हो रहे हैं ? 'अरे भई, कुछ नहीं' इडिंगटन ने जवाब दिया–'असल में मैं यह नहीं समझ पा रहा हूँ कि वह तीसरा व्यक्ति कौन हो सकता है ?'

प्रथम विश्वयुद्ध की विभीषिका के बावजूद इडिंगटन ने 1919 के पूर्ण सूर्यग्रहण का अध्ययन करने हेतु खगोलविदों के दो अभियान दलों

का कुशल नेतृत्व अपने हाथों में लिया। इनमें से एक अभियान दल दक्षिण अमरीका और दूसरा अफ्रीका में भेजा गया। इडिगंटन ने इस महत्त्वपूर्ण काम के अलावा आइंस्टाइन के नये सिद्धांतों को जन सामान्य तक पहुँचाने के लिए उन्हें अत्यधिक बुद्धिमत्ता के साथ सरल एवं बोधगम्य भाषा में भी प्रस्तुत किया।

सूर्यग्रहण का अध्ययन करने के बाद जब इंगलैंड के खगोलविदों ने यह सत्य उद्‌घाटित किया कि आइंस्टाइन की यह भविष्यवाणी कि सूर्य से निकली हुई प्रकाश की किरणों के घुमाव (bending) का परिमाण बिलकुल सही निकला है तो इस पर खलबली मच गयी। जर्मनी के कई वैज्ञानिकों ने इसे आइंस्टाइन की साजिश माना। युद्ध के मारे हारे-पिटे जर्मनों ने अपने दुर्भाग्य के लिए आइंस्टाइन को कोसना शुरू कर दिया। उनका कहना था कि इस अड़ियल यहूदी ने लड़ाई से मुँह चुराया और अब ब्रह्मांड के शाश्वत नियमों को उलटने में लगा हुआ है। कई लोगों ने यह भी सोचा कि आइंस्टाइन के सिद्धांतों से जर्मनी की साख को धक्का पहुँचा है। कुछ जर्मन वैज्ञानिकों ने सार्वजनिक सभागारों में आइंस्टाइन के सिद्धांतों पर तीखे प्रहार किये और उन्हें एक कूड़मगज की सनक बताया। इस तरह की एक दो सभाओं का नजारा बॉक्स में बैठकर आइंस्टाइन ने भी लिया और उनकी मूर्खता पर हँसते रहे।

जर्मनी में जहाँ एक ओर सापेक्षता के सामान्य सिद्धांत का यह कह कर मजाक उड़ाया जा रहा था कि यह यहूदियों के दिमाग की नयी फितूर है, वहीं फ्रांस के वैज्ञानिक इस खोज से इसलिए उत्तेजित हो रहे थे, कि, जर्मन विज्ञान विश्वव्यापी स्तर पर अपनी धाक जमाने के लिए नये-से-नये हथकंडे अपना रहा है। जर्मनी में यहूदी होने के नाते आइंस्टाइन पर यह आरोप भी लगाया गया कि वे भौतिकी में 'वोल्शेविकवाद' को घुसा रहे हैं। दक्षिणपंथियों ने आइंस्टाइन के खिलाफ यह मुहिम तब और भी तेज कर दी, जब उन्होंने सार्वजनिक तौर पर यहूदी आंदोलन को अपना समर्थन देना शुरू किया। यद्यपि यहूदी धर्म से उनकी कोई खास निष्ठा नहीं रही और उनकी निजी जिंदगी पर इस

धर्म का कोई विशेष प्रभाव नहीं रहा, फिर भी उनका यह मानना था कि धार्मिक विश्वासों को तिलांजलि देने के बावजूद भी एक यहूदी यहूदी ही रहता है।

प्रथम विश्वयुद्ध के समाप्त होने तक आइंस्टाइन ने अपने यहूदी होने को कोई खास महत्त्व नहीं दिया था। हाँ, 1911 में जब वह प्राग गये थे तब उन्होंने नौकरी के कागजों में अपने धर्म की कैफियत इजरायली लिखाई थी। उन्होंने अपनी जिंदगी में हिब्रू भाषा का अध्ययन कभी नहीं किया और बाद में जब कभी वह जेरूशलम में बुलाये गये, तो वहाँ उन्होंने अपने भाषण फ्रांसीसी भाषा में दिये। अब लेकिन जर्मनी में यहूदियों के खिलाफ माहौल तेजी से बदल रहा था, इसलिए उन्होंने अपनी निष्ठा यहूदी भाइयों के साथ व्यक्त करने में ही भलाई समझी। 1919 में बर्लिन में यहूदी धर्मावलम्बियों की एक सभा आयोजित हुई। इस सभा में जर्मनी में यहूदियों की समस्याएँ और उनके भविष्य के बारे में विचार-विमर्श हुआ। यहूदी धर्म की मान्यताओं का पालन न करने के बावजूद आइंस्टाइन ने इस सभा में भाग लेकर यहूदी समुदाय के प्रति अपनी एकजुटता व्यक्त की और उपस्थित लोगों को यह आश्वासन दिया कि उनसे जितना कुछ हो सकेगा, वह उनकी मदद करेंगे। उन्होंने बताया कि बर्लिन में रहते हुए गैर-यहूदी लोगों ने उनके साथ जो बर्ताव किया है, उससे उनके अंदर खुद-ब-खुद एक प्रकार की यहूदी चेतना जग गयी है।

थोड़ा-बहुत टकराव यहूदी समुदाय के भीतर भी मौजूद था। आइंस्टाइन इससे भी दुखी थे। उस वक्त पूर्वी यूरोप के देशों से बहुत सारे यहूदी शरणार्थी बर्लिन में शरण लेने आ रहे थे। इन यहूदी शरणार्थियों के प्रति बर्लिन में पहले से ही जमे हुए धनाढ्य यहूदियों का व्यवहार अच्छा नहीं रहता था। उन सेठ यहूदियों की बुद्धि पर आइंस्टाइन को आश्चर्य होता था। आइंस्टाइन के पास बहुत से गरीब यहूदी शरणार्थी मदद या सलाह-मशविरा लेने आते थे। अपनी नोबल पुरस्कार की धनराशि का ज्यादातर उपयोग उन्होंने शरणार्थियों से जुड़े हुए कामों पर

ही खर्च कर दिया था।

इजरायल के राष्ट्राध्यक्ष के लिए भी उनके नाम का अनुमोदन हुआ था। लेकिन उन्होंने खुद को इस पद के लिए योग्य नहीं समझा। उन्होंने प्रोफेसर चाइम वाइजमन को मदद दी और उसका परिचय वाल्टर राथेनाऊ (जर्मनी का अत्यधिक बुद्धिमान यहूदी उद्योगपति) से कराया। राथेनाऊ पर आइंस्टाइन का अगाध विश्वास था। प्रोफेसर वाइजमन बाद में इजरायल राष्ट्र के पहले राष्ट्रपति बने। 1921 में आइंस्टाइन प्रोफेसर वाइजमन के साथ यहूदी नेशनल फंड और जेरूशलम में हिब्रू यूनिवर्सिटी (स्थापित-1918) के लिए चंदा इकट्ठा करने के लिए भी गये थे। 1922 में जब राथेनाऊ को कत्ल कर दिया गया, तब आइंस्टाइन की पत्नी ने पति की सुरक्षा के लिए अंगरक्षक रखने की व्यवस्था की। कुछ दिनों तक वह जर्मनी से बाहर लाइडन में रहे और फिर एक लम्बी यात्रा पर निकल गये। इस यात्रा में आइंस्टाइन ने चीन, जापान, इजरायल और स्पेन की सैर की। यात्रा से लौट कर जब वह जर्मनी पहुँचे तो वहाँ भंयकर मुद्रास्फीति का दौर चल रहा था। इस मुद्रास्फीति के कुप्रभाव ने पुरानी जर्मनी का सामाजिक व आर्थिक ढाँचा बुरी तरह नेस्तनाबूद कर दिया था और आम नागरिक की हालत बहुत दयनीय बना डाली थी।

जर्मनी की आर्थिक दुर्व्यवस्था का तात्कालिक कारण प्रथम विश्वयुद्ध में विजयी राष्ट्रों द्वारा जर्मनी से युद्ध का हर्जाना माँगा जाना था। यह मुआवज़ा इतने बड़े पैमाने पर देना पड़ रहा था कि जर्मनी की रीढ़ बैठ चुकी थी। इस स्थिति का लाभ बड़ी चतुराई से जर्मनी की प्रतिक्रांतिकारी ताकतों ने उठाना शुरू कर दिया। जून 1922 में आइंस्टाइन को लीग ऑफ नेशन्स की अंतर्राष्ट्रीय बुद्धिजीवियों की सहयोग समिति में बुलाया गया। बुद्धिजीवियों की इस अंतर्राष्ट्रीय समिति की पहली बैठक में उन्होंने इस बात पर विशेष जोर दिया कि वैज्ञानिकों की असली प्रतिबद्धता अंतर्राष्ट्रीय होनी चाहिए, तभी दुनिया का कल्याण संभव है। इस सभा में उन्होंने उन वैज्ञानिकों की कड़े शब्दों में निंदा की थी, जिन्होंने प्रथम विश्वयुद्ध की शुरुआत में ऐसी प्रतिबद्धता से जी

चुराकर सिर्फ अपने राष्ट्र के क्षुद्र स्वार्थों के लिए काम किया था।

भारत के मार्क्सवादी विचारक, मानबेंद्र नाथ राय जब अपने बंदी जीवन के दौरान 'आधुनिक विज्ञान के दार्शनिक परिणाम' पुस्तक लिख रहे थे, तब जेल अधिकारियों द्वारा उन्हें सीमित संख्या में ही लिखने का कागज दिया जाता था और संबंधित अध्ययन सामग्री भी अपर्याप्त होती थी। ब्रितानी हुकूमत द्वारा एम.एन. राय के शोधकार्य पर प्रतिबंध लगा दिये जाने के प्रतिरोध स्वरूप अल्बर्ट आइंस्टाइन ने 17 सितम्बर, 1934 को रोडे द्वीप (Rhode Island) से वाशिंगटन स्थित ब्रितानी दूतावास को एक पत्र भेजा था, जिसमें यह अपील की गयी थी कि एक राजनैतिक कैदी के रूप में एम.एन. राय के चाहे जो विश्वास हों, उन सरीखे प्रखर बौद्धिक प्रतिभा वाले व्यक्ति को शोधकार्य की सभी सुविधाएँ मिलनी चाहिए।

# लीग ऑफ नेशन्स कमेटी में मदाम क्यूरी के साथ

जनवरी 1923 में जब फ्रांस ने रूर क्षेत्र पर अपना कब्जा कर लिया, तब आइंस्टाइन ने उपरोक्त कमेटी से अपना त्यागपत्र दे दिया था। इस्तीफे का कारण बताते हुए उन्होंने लिखा था कि एक शांतिप्रिय इंसान होने के नाते वह ऐसी कमेटी में नहीं बने रहना चाहते हैं, जिसके पास इस तरह की जघन्य हरकतों को रोकने की क्षमता नहीं है। लेकिन बाद में जब उन्हें यह पता चला कि रूर पर फ्रांसिसी कब्जे का यही एकमात्र कारण नहीं था, तब पुनः उन्होंने कमेटी को इस आशय का पत्र लिखा था कि कुछ लोगों ने उन्हें गलत ढंग से भरमा दिया था, जिसकी वजह से उन्होंने इस्तीफा दे दिया था। आइंस्टाइन ने अपनी चिट्ठी में यह भी लिखा था कि इस्तीफा देने के बावजूद वे पुनः इस कमेटी के लिए काम करना चाहेंगे। कमेटी के अध्यक्ष उस समय बर्गसां थे। उन्होंने इस चिट्ठी पर आइंस्टाइन का स्वागत करते हुए कहा था कि हम अपने पुराने और नये सदस्य का अभिवादन करते हैं। इस कमेटी ने पेरिस में इंस्टीट्यूट ऑफ इंटेलेक्चुअल कोओपरेशन की स्थापना की। इस संस्था के सदस्यों में प्रसिद्ध रसायनज्ञ मदाम क्यूरी भी थीं। दो अलग तरह के विलक्षण व्यक्तित्व होते हुए भी मदाम क्यूरी और अल्बर्ट आइंस्टाइन के बीच इस संस्था में खूब निभी। कमेटी की बैठकों में दोनों की भूमिका अपना अलग-अलग प्रभाव छोड़ती थी। आइंस्टाइन अक्सर अत्यधिक भावावेश में भाषण देना शुरू करते और अति नाटकीय अंदाज में कभी कमरा छोड़

कर बाहर चले जाते और कुछ देर बाद फिर वापस अपनी जगह पर आ बैठते। दूसरी ओर मदाम क्यूरी असीम मर्दाना धैर्य का परिचय देती हुई आइंस्टाइन को ढाँढस बँधाती रहती।

बैठक समाप्त होने के बाद सभी सदस्य एक फैशेनबुल रेस्त्राँ में खाना खाने जाया करते थे। इस तरह के एक मौके पर एक वायलिन वादक आरकेस्ट्रा में आइंस्टाइन की एक मनपसंद धुन बजा रहा था। इस धुन की आवाज ज्योंही आइंस्टाइन के कानों में गूँजी, वे भाव-विभोर हो गये। तुरंत अपनी सीट छोड़कर वह झूमते हुए सीधे आरकेस्ट्रा में पहुँचे और वायलिन वादक से वायलिन लेकर खुद उसे बजाने लगे। हॉल में बैठा प्रत्येक आदमी धैर्यपूर्वक खामोशी के साथ आइंस्टाइन की धुन सुनने लगा। सभी के दिल में उनके प्रति आदर का भाव भी था। लेकिन ज्यों-ज्यों समय बीतता गया, त्यों-त्यों लोगों की बेचैनी बढ़ने लगी। उन्हें भूख सता रही थी और बेरे खामोश खड़े होकर परोसने की बाट जोह रहे थे। आइंस्टाइन वायलिन के साथ किसी दूसरी दुनिया में खो गये थे। संगीत की लहरों पर वे चाँद-सितारों से दूर पता नहीं कितना आगे चले गये थे। करीब एक घंटे से अधिक का समय जब गुजर गया, तब एक नया बैंड देर रात्रि का संगीत बजाने आ पहुँचा। इस बैंड के पहुँचने पर कुछ युवा जोड़े नाच के लिए उद्विग्न हो उठे–लेकिन आइंस्टाइन को जाकर कौन रोके ? आखिर एक व्यक्ति ने साहस दिखाया और आइंस्टाइन के पास जाकर उनसे विनम्रतापूर्वक कहा कि हजरत अब काफी रात हो चुकी है, लोगों को अभी अपने घरों को भी वापस जाना है। तब जाकर कहीं आगे का कार्यक्रम शुरू हो सका।

काम के दौरान उन्हें अक्सर गंभीर देखा जाता था, लेकिन घर में आइंस्टाइन खूब ठहाका मार कर हँसते थे। संगीत से उन्हें बहुत प्यार था। वायलिन और पियानो पर संगीत देना उन्हें अच्छा लगता था। पियानो पर मोत्सार्ट की धुनें वह खूबसूरत अंदाज से बजा लेते थे। पाइप पीने का शौक भी उन्हें खूब था और सूबह के खुशनुमा माहौल में एकांत सैर का वह भरपूर लुत्फ उठाया करते थे।

संगीत के चैरिटी शो में भी वह भाग लिया करते थे। एक मौके पर उन्होंने नाजियों द्वारा सताये गये लोगों की सहायतार्थ छः हजार डॉलर इकट्ठा किये थे। जर्मनी का शासकवर्ग और वहाँ की लालफीताशाही भले ही उनसे नफरत करती रही हो, लेकिन यूरोप के अन्य देशों में उनका बहुत सम्मान किया जाता था। रेल के तीसरे दर्जे के डिब्बे में बैठकर उन्होंने यूरोप के कई शहरों में यात्राएँ की थीं और आसान भाषा में सापेक्षता के सिद्धांत पर भाषण दिये थे। इन यात्राओं के दौरान वह जहाँ कहीं जाते, उनके कंधे पर जरूर वायलिन लटका हुआ देखा जा सकता था। वायलिन बजाना उन्हें बेहद पसंद था। 18 वीं सदी के कंपोजर उन्हें ज्यादा प्रिय थे। मोत्सार्ट के अलावा बॉख का संगीत भी उन्हें पसंद था। बीथोवन के वह प्रशंसक तो थे, लेकिन उसका संगीत उन्हें पसंद नहीं था। 1928 में जर्मनी की एक सचित्र साप्ताहिक पत्रिका ने सेबास्ट्रियन बॉख के बारे में आइंस्टाइन के विचार जानने के बाबत उनके पास एक प्रश्नावली भेजी थी। आइंस्टाइन ने पहली मर्तबा इस पर कोई गौर नहीं किया, लेकिन संपादक द्वारा पुनः आग्रह किये जाने पर उन्होंने 24 मार्च 1928 को यह संक्षिप्त टिप्पणी लिख भेजी थी : बॉख के बारे में मुझे सिर्फ इतना ही कहना है–'काम करो, ध्यान से सुनो, प्यार करो, आदर करो और अपना मुँह हमेशा बंद रखो।' दस वर्ष बाद 1939 में एक और प्रश्नावली के जवाब में उन्होंने लिखा था–'(1) बॉख, मोत्सार्ट और कुछ पुराने इतालवी इंगलिश कंपोजर मुझे काफी पसंद हैं। बीथोवन को मैं कुछ कम पसंद करता हूँ, लेकिन श्यूबर्ट अपेक्षाकृत अच्छा लगता है।' '(2) यह कह पाना बहुत मुश्किल है कि बॉख या मोत्सार्ट में से कौन मेरे लिए अधिक महत्त्वपूर्ण है। संगीत को मैं तर्क से परे ही रखना चाहता हूँ।' आइंस्टाइन नये संगीतकारों को भी काफी प्रोत्साहन देते थे। हांडेल, श्योमन, वागनर, रिचार्ड स्ट्रास और आर्तुरो तासकानिनी को वह खासी तरजीह देते थे।

कई बार किसी नये वायलिनवादक को उत्साहित करने के उद्देश्य से आइंस्टाइन उसका साथ देने को राजी हो जाते थे। इसी तरह के एक

प्रदर्शन में एक संगीत समीक्षक ने दूसरे दिन अखबारों में यह लिख दिया था कि आइंस्टाइन ने वायलिन अच्छा तो बजाया, लेकिन इतना अच्छा नहीं जितना कि वह ख्यातिप्राप्त है। निश्चित रूप से आइंस्टाइन के मुकाबले कई दूसरे वायलिन वादकों की प्रस्तुति उनसे कहीं जोरदार थी। यह संगीत समीक्षक नहीं जानता था कि आइंस्टाइन की विश्वव्यापी ख्याति भौतिकशास्त्री के रूप में है, न कि वायलिनवादक के रूप में।

संगीत के साथ जुड़े आइंस्टाइन के एक और रोचक प्रसंग का जिक्र चार्ली चैपलिन ने अपनी आत्मकथा में किया है। 1937 में दोबारा फिर जब आइंस्टाइन केलिफोर्निया आये तो चैपलिन के गले लिपट कर उन्होंने कहा कि शाम को मैं तुम्हारे घर आ रहा हूँ और मेरे साथ तीन संगीतकार और भी होंगे। भोजन के बाद हम तुम्हें अपना संगीत सुनायेंगे। चैपलिन लिखते हैं–यद्यपि आइंस्टाइन इतना अच्छा नहीं बजा पा रहे थे, फिर भी उनकी आँखें मुँदी हुई थीं और वह पूरी तौर पर संगीत की मस्ती में झूम रहे थे। बाकी तीन संगीतज्ञों को आइंस्टाइन का वाद्य उतना सुरीला नहीं लग रहा था, अतः किसी तरह मना-बुझाकर उन्होंने थोड़ी देर आराम करने के बहाने आइंस्टाइन को बिठा दिया। बाकी संगीतकार जब एक के बाद एक कई धुनें बजा चुके, तो आइंस्टाइन ने काफी व्यग्र होकर चैपलिन से पूछा–मेरी बारी फिर कब आयेगी ? संगीत खत्म होने के बाद जब तीनों संगीतकार चले गये, तब आइंस्टाइन की पत्नी ने ढाँढस बँधाते हुए अपने पति से कहा–'उन तीनों से बेहतर आप ही बजा रहे थे।'

संगीत के बाद आइंस्टाइन का दूसरा प्रिय शौक नौका विहार था। घर से बाहर निकलने पर उनके पैर अक्सर झील की ओर मुड़ जाया करते थे। नाव खेने में उन्हें भरपूर आनन्द मिलता था। जब वह शुरू-शुरू में बर्लिन आये थे, तब अपने एक डाक्टर मित्र के साथ डोंगी पर बैठकर लम्बी सैर पर निकल पड़ते थे। बाद में बर्लिन के समीप बहने वाली एक और नदी हावेल में उन्होंने डोंगी पर बैठकर सैर करने की आदत डाली। चप्पू चलाते-चलाते उनकी मांसपेशियाँ काफी सुदृढ़ हो गयी थीं। यदा-कदा अपने घर पर भी वह तैराकी पोशाक में बैठे हुए दिख जाते

थे। दिल कमजोर होने के कारण नौका विहार से उन्हें ताजा हवा का लाभ भी मिलता था।

भीड़ के बीच अपनी पहचान को लेकर भी आइंस्टाइन अक्सर बेसुध रहा करते थे। प्रिसंटन (अमरीका) में एक बार वह अपने एक वैज्ञानिक मित्र इनफील्ड के साथ एक सिनेमाहाल में 'लाइफ ऑफ एमिलजोला' फिल्म देखने गये। दोनों व्यक्ति टिकट लेकर अंदर लॉबी में आ गये, जहाँ टिकट कलेक्टर ने उनसे टिकट ले लिये। आइंस्टाइन ने देखा कि अभी पिक्चर शुरू होने में पंद्रह मिनट बाकी हैं, इसलिए उन्होंने अपने मित्र से तब तक बाहर की हवा में घूम आने को कहा। वे बाहर निकले ही थे कि सहसा आइंस्टाइन को ख्याल आया कि अब उनकी जेब में तो टिकट ही नहीं है। अतः सहज भाव से उन्होंने गेटकीपर से पूछ लिया–'क्या तुम हमें पहचान लोगे।' गेटकीपर ने इसे मजाक समझा और फौरन जवाब दिया–'भला क्यों नहीं प्रोफेसर आइंस्टाइन। आपको कौन नहीं जानता है।'

1916 में उन्होंने अपने सापेक्षता के विशिष्ट और सामान्य सिद्धांत को सहज भाषा में प्रस्तुत करने के लिए एक छोटी-सी पुस्तक भी लिखी। इस पुस्तक (रिलेटिबिटी, द स्पेशल एण्ड जनरल थ्योरी) की भूमिका में उन्होंने लिखा कि–'यह किताब मैंने उन लोगों के लिए लिखी है, जो सापेक्षता के सिद्धांत को एक वैज्ञानिक और दार्शनिक नजरिये से जानने की इच्छा तो रखते हैं, लेकिन गणितीय आकलनों की दुरूहता की वजह से सैद्धांतिक भौतिकी को ठीक से नहीं समझ पाते हैं। मेरी यह किताब दसवीं कक्षा के छात्र को भी विषय का ज्ञान कराने में पर्याप्त सहायक सिद्ध हो सकती है, बशर्ते पाठक दृढ़ इच्छाशक्ति और पर्याप्त धैर्य के साथ इसे पढ़ने में रुचि ले। पाठक की समझ में विषय का ज्ञान साफ-साफ आ जाए, इसलिए मैंने कई चीजों को बार-बार दोहराया है। भले ही इस दोहराव के कारण विषय को प्रस्तुत करने में उसकी सुंदरता क्यों न नष्ट हो गयी हो। ऐसा करने में मैंने प्रसिद्ध भौतिकशास्त्री बोल्त्समान के उस कथन का अनुपालन किया है जिसमें उन्होंने कहा कि–'जहाँ तक किसी

वस्तु को खूबसूरत ढंग से पेश करने का सवाल है, यह मामला दर्जी या मोची के ऊपर छोड़ दिया जाना चाहिए।' '

आइंस्टाइन की इस पुस्तक में 32 छोटे-छोटे अध्याय हैं और कोई भी अध्याय तीन या चार पृष्ठों से अधिक बड़ा नहीं है। पाठक को समझाने के लिए उन्होंने प्लेटफार्म, चलती रेलगाड़ी, स्थिर रेलगाड़ी और लैम्पपोस्टों का उदाहरण दिया है। सापेक्षता के सिद्धांत पर गहरे विवेचन के रूप में इसी पुस्तक में एक परिशिष्ट उनकी मृत्यु के बाद 1956 में प्रकाशित हुआ। आइंस्टाइन की अन्य रचनाओं के नाम इस प्रकार हैं :

'ब्रह्मांड के निर्माता' (1932), 'सैद्धांतिक भौतिकी की प्रणालियों के बारे में' (1933), 'विश्व को मैं जिस नजरिये से देखता हूँ' (1934), 'भौतिकी का विकास' (1938), 'मेरे अंतिम वर्ष' (1950)। इसके अलावा एक पुस्तक 1931 में उन्होंने 'यहूदीवाद के बारे में' और सिगमंड फ्रायड के साथ 1933 में 'युद्ध क्यों' पुस्तकें भी लिखीं।

आइंस्टाइन अपने ही काम को सबसे बड़ा मानते हों, ऐसा भी नहीं था। विश्वस्तर की ख्याति अर्जित करने के बावजूद दूसरे लोगों के काम को भी वह खासा महत्त्व देते थे। 1924 में लांगेविन ने लुईस दे ब्रोगली के शोधग्रंथ के बारे में उन्हें बताया। इस शोध-ग्रंथ में ब्रोगली ने पदार्थ के आधुनिक तरंग-सिद्धांत पर काम करके कुछ नये तथ्य उद्घाटित किये थे। लुईस दे ब्रोगली का यह सिद्धांत आइंस्टाइन के प्रकाश-तरंग सिद्धांत के विपरीत खड़ा होता था। लेकिन इसकी चिंता न करते हुए आइंस्टाइन ने पर्सियन विज्ञान अकादमी में ब्रोगली के नये सिद्धांत पर बोलते हुए काफी उत्साहजनक तरीके से उसका समर्थन किया और ब्रोगली को शाबाशी दी। ब्रोगली धन्य हुआ और विज्ञान जगत् में उसका खूब स्वागत होने लगा। भारतीय जीव वैज्ञानिक जगदीशचंद्र बसु की नयी धारणाओं का भी उन्होंने भरपूर स्वागत किया। जगदीश चंद्र बसु ने अब तक निर्जीव समझे जाने वाले वनस्पति जगत् को अपनी खोजों के जरिये अन्य जीवधारियों की तरह प्राणवान सिद्ध

किया था। जगदीश चंद्र बसु (1858-1937) की कई खोजों पर आइंस्टाइन ने अपने तरीके से आगे भी काम किया। इन सूत्रों को बोस-आंइस्टाइन संघनन, बोस-आइंस्टाइन वितरण और बोस-आइंस्टाइन क्वांटम सांख्यिकी के नाम से जाना जाता है।

# उपहार में मकान देने का नाटक

1929 में जब आइंस्टाइन का पचासवाँ जन्मदिन निकट आ रहा था, तब बर्लिन की नगरपालिका ने उन्हें सम्मानित करने के इरादे से इस मौके पर एक उपहार देने की योजना बनाई। नगरपालिका के अधिकारियों को यह पता था कि आइंस्टाइन को नौका विहार बहुत पसंद है और उनके पास ऐसा घर नहीं है, जहाँ से वह अपने इस शौक का पूरा आनंद उठा सकें। लिहाजा काफी प्रयास के बाद एक ऐसा स्थान ढूँढ़ लिया गया, जहाँ एक सुंदर झील थी और उसी के किनारे एक अच्छा मकान भी था। आनन-फानन में वह पूरी सम्पत्ति नगरपालिका ने खरीद ली। कार्यवाही जब आगे बढ़ी तो मकान मालिक ने यह कहकर वह घर छोड़ने से मना कर दिया कि जब तक वह जिंदा है, तब तक वह उसी घर में रहना पसंद करेगा। उसके मरने के बाद ही यह सम्पत्ति दूसरे के नाम हस्तांतरित होगी। मकान मालिक के मना करने से पहले ही नगरपालिका ने इस आशय की खबर अखबारों में छपा दी थी कि वह आइंस्टाइन को झील के किनारे एक घर भेंटस्वरूप प्रदान करने जा रही है। मामला उलटने पर नगरपालिका ने फिर यह फैसला लिया कि झील के पास वाली जमीन पर एक नया मकान बनाकर आइंस्टाइन को दिया जायेगा और यह खबर भी अखबार में छपवा दी गयी। लेकिन सम्पत्ति के मालिक ने नगरपालिका के इस फैसले पर भी यह अड़ंगा लगा दिया कि वह अपनी जमीन पर तब तक कोई निर्माण नहीं होने देगा, जब तक कि वह जिंदा है। आगे चलकर यह पूरा मामला नगरपालिका की टुच्ची राजनीति में तब्दील होता

गया। कमेटी में ज्यादातर सदस्य नाजी आ गये थे। वे नहीं चाहते थे कि यह सम्पत्ति आइंस्टाइन के कब्जे में चली जाये। उन्होंने हर संभव तरीके से इसे रोकने की कोशिश की। नगरपालिका के सदस्यों ने पुनः तीसरी बार इस समस्या का हल ढूँढ़ना चाहा। हावेल नदी के किनारे कोई ऐसी उपयुक्त जगह नहीं थी, जहाँ आइंस्टाइन को घर दिया जाता। अतः अब शहर से कुछ दूर कोई स्थान तलाशने की बात होने लगी। लेकिन दूरस्थ स्थान तक पहुँचने का कोई सुगम तरीका उपलब्ध नहीं था। तीसरी बार के इस प्रयास में बर्लिन नगरपालिका की व्यवस्था के ऊपर वहाँ के नागरिकों ने काफी प्रहार किये। उसके अधकचरे फैसलों की जमकर खिल्ली उड़ाई गयी और अखबारों में व्यंग्य, लेख और कार्टून छपने लगे।

इस समस्या का समाधान अब कैसे हो ? इस इरादे के साथ नगरपालिका का एक प्रतिनिधिमंडल आइंस्टाइन से जाकर खुद मिला। जन्मदिन की भेंट का सारा उल्लास अब तक काफूर हो चुका था। प्रतिनिधिमंडल के सदस्यों ने आइंस्टाइन से कहा कि वह अपनी मनपसंद की कोई भी जमीन चुन लें, जिस पर नगरपालिका उनकी इच्छानुसार घर बनाकर उन्हें भेंट कर देगी। पोट्सडाम के निकट कापूथ नामक गाँव में जमीन का एक टुकड़ा चुन लिया गया। इस पर मकान बनाने की योजना बनी और इस योजना को बर्लिन नगरपालिका की परिषद् में स्वीकृति के लिए भेज दिया गया। परिषद् में नाजी सदस्य पहले ही चौकन्ने थे और यह योजना पुनः खटाई में पड़ गयी। अंत में खिन्न होकर आइंस्टाइन को यह कहना पड़ा कि अब वह किसी भी हालत में इस भेंट को स्वीकार नहीं करेंगे। मेयर के नाम पर भेजी गयी अपनी चिट्ठी में उन्होंने लिखा कि मजिस्ट्रेट शायद अपना फैसला लेने में न जाने कितना लम्बा समय लेगा, जबकि आदमी का जीवन बहुत छोटा है। आखिरकार उन्होंने खुद अपने पैसों से कापूथ वाली जमीन खरीदी और उस पर अपनी मनपसंद का घर बना दिया।

एक सुन्दर झील के किनारे 1929 के अंत में जब आइंस्टाइन अपने

नये घर में आये तो इस मौके पर उनके कुछ अंतरंग मित्रों ने महोगनी की लकड़ी से बनी एक सुन्दर डोंगी उन्हें भेंट में दी। निस्संदेह कापूथ का शांत स्वच्छ और नीरव वातावरण आइंस्टाइन को बहुत अधिक भाता था। यह भी एक विडम्बना थी कि आइंस्टाइन को नगरपालिका की तरफ से भेंट में मकान नहीं मिल सका, लेकिन दोस्तों की कृपा से उन्हें एक डोंगी जरूर प्राप्त हो गयी थी। कई मायनों में प्रेम का यह उपहार उनके लिए मकान से भी ज्यादा कीमती था।

कापूथ में रहकर आइंस्टाइन ने नौका विहार का भरपूर आनंद उठाया और प्रकृति की निजता महसूस की। डोंगी खेते हुए वह नये विचारों में डूब जाते। विचारों के इस नये सिलसिले में उन्होंने अपनी नयी खोज यूनिफाइंग फील्ड थ्योरी पर काम करना शुरू किया। इस सिद्धांत के तहत वह अब तक अलग-अलग रूप में प्रचलित गुरुत्वाकर्षण और विद्युत चुम्बकीय सिद्धांतों को एक साथ लाने का प्रयास कर रहे थे। उन्होंने यूनिफाइंग सिद्धांत पर भी बहुत मेहनत से काम किया, लेकिन प्रकाशित होने के बाद इस सिद्धांत के नतीजों का वैज्ञानिक जगत् में उस तरह का स्वागत नहीं हुआ, जैसा कि सापेक्षता से जुड़ी उनकी प्रारम्भिक खोजों का हुआ था।

जर्मनी का सामाजिक-आर्थिक ढाँचा तेजी से बदल रहा था। कापूथ में रहते हुए आइंस्टाइन इस बदलाव को महसूस करने लगे थे और जो ढाँचा बदल रहा था उससे उन्हें गहरी अरुचि थी। सैनिक व्यवस्था को कोसते हुए उन्होंने 1930 में लिखा था कि 'बैंड की धुन पर मार्च करते हुए एक फौजी आनंद उठा सकता है, लेकिन मैं उससे नफरत करता हूँ। दरअसल उस फौजी के पास गलती से दिमाग चला गया है, जबकि इस काम के लिए उसके पास सिर्फ एक मजबूत रीढ़ का होना काफी है। युद्ध को मैं एक घटिया और घृणित चीज मानता हूँ।'

आइंस्टाइन हर हालत में एक शांतिपूर्ण व्यवस्था के पक्षधर थे। महात्मा गांधी के व्यक्तित्व से वह बहुत प्रभावित थे और उनका बहुत सम्मान करते थे। गांधी के विलक्षण व्यक्तित्व से प्रभावित होकर ही

उन्होंने उनकी मृत्यु पर यह टिप्पणी की थी कि आगामी पीढ़ियाँ शायद ही कभी यह विश्वास कर पायेंगी कि गांधी जैसा हाड़मांस का एक सजीव पुतला कभी इस धरती पर पैदा हुआ था। दार्शनिक ह्यूम के उन विचारों के भी वह कायल थे, जिसमें ह्यूम ने यह कहा था कि दो युद्धरत राष्ट्र शराब की दुकान पर लड़ते हुए उन दो पियक्कड़ों की तरह होते हैं, जो न सिर्फ मारामारी में अपना खोपड़ा तुड़वा बैठते हैं, बल्कि प्यालों के टूटने पर नुकसान की भरपाई भी अलग से देने को मजबूर होते हैं।

गुजरते समय के साथ-साथ जर्मनी में ज्यों-ज्यों नाजियों का वर्चस्व बढ़ता गया, त्यों-त्यों आइंस्टाइन को भी यह लगने लगा कि उनका यहाँ रहना अब सुरक्षित नहीं रह गया है। लेकिन कापूथ की शांति को वह एकदम छोड़ना भी नहीं चाहते थे। गाँव के लोग और खासकर वहाँ के बच्चे आइंस्टाइन को बहुत चाहते थे। 1932 में आइंस्टाइन को इंग्लैंड के क्राइस्टचर्च में आने का न्यौता मिला। वे कुछ दिनों के लिए वहाँ गये भी, लेकिन वहाँ कुलीन अंग्रेजों के साथ उनकी नहीं पटी। उनका रहन सहन और ठाठ-बाट बिलकुल दूसरी तरह का था और आइंस्टाइन एकदम फक्कड़ ढंग से रहने के आदी थे, लिहाजा नाजियों के खौफ के बावजूद वे पुनः कापूथ लौट आये।

कुछ दिन बाद उन्हें एक और निमंत्रण केलिफोर्निया की टेक्नालाजी इंस्टीट्यूट में आने का मिला। रास्ते में न्यूयार्क पड़ता था। यहाँ उन्हें एक प्रोटेस्टेंट गिरजाघर में रखे गये कुछ प्रसिद्ध वैज्ञानिकों के बुत दिखाने के लिए ले जाया गया। जो सज्जन आइंस्टाइन को टहला रहे थे, बड़े गर्व के साथ उन्हें आइंस्टाइन का बुत दिखाने लगे और उसकी बारीकियाँ बताने लगे। अपने बुत पर नजर गड़ाते ही आइंस्टाइन ने फौरन टिप्पणी की–'मेरे व्यक्तित्व से एक यहूदी संत की कल्पना तो की जा सकती है, लेकिन मुझे एक प्रोटेस्टेंट संत के रूप में तब्दील कर दिया जायेगा, ऐसा मैंने कभी नहीं सोचा था।' इस टिप्पणी में आइंस्टाइन का विनोद भी शामिल था और दार्शनिक चिंतन भी।

केलिफोर्निया से आइंस्टाइन जल्दी ही फिर बर्लिन लौट आये। इस

बीच बर्लिन का माहौल और अधिक रहस्यमय और तनावपूर्ण हो गया था। इसी समय उन्हें अपने छोटे पुत्र एडुवार्ड (एडवर्ड) की अस्वस्थता के कारण व्यक्तिगत परेशानियों से भी जूझना पड़ा। उनका छोटा लड़का उन्हें बहुत चाहता था और काफी हद तक अपने पिता की ही तरह प्रतिभाशाली था। वह स्विटजरलैंड में कार्य करता था। विज्ञान और संगीत के प्रति उसका भी गहरा रुझान था। लेकिन पिता की तरह वह अपनी महत्त्वाकांक्षाओं को पूरा नहीं कर सका। इस असफलता के चलते पिता के प्रति उसका प्यार धीरे-धीरे एक अजीब तरह की घृणा में बदलने लगा। संभव है इस घृणा को बढ़ाने में कहीं उसकी माँ मिलिवा का हाथ भी रहा हो, क्योंकि ऐसा भी कहा जाता है कि संबंधों के अंतिम दौर में आइंस्टाइन ने मिलिवा को एक हद तक प्रताड़ित भी किया था। दोनों के बीच तीखी झड़पें भी होती थीं। लड़के की अंतश्चेतना में शायद यह सब भी कहीं उबल रहा होगा। वह अब एकदम पागल जैसी हालत में आ गया था। आइंस्टाइन उसे देखने जब ज्यूरिख गये तो उसकी हालत पर उन्हें बहुत तरस आया। बहुत दुखी मन से वह वापस लौटे और इस घटना के बाद से उनका हँसमुख स्वभाव अचानक बदल कर गंभीर होता गया। उनका बड़ा लड़का कृषिविज्ञान की शिक्षा लेकर केलिफोर्निया में द्रवइंजीनियरी (हाइड्रोलिक्स) का प्रोफेसर हो गया था।

# प्रिसंटन से बुलावा और जर्मनी छोड़ना

1932 का बसंत आइंस्टाइन के जीवन में काम की एक और ताजगी लेकर आया। अमेरिका की प्रिसंटन स्थित इंस्टीट्यूट फॉर एडवांस स्टडीज में उन्हें काम करने का निमंत्रण मिला। इस संस्थान की स्थापना अब्राहम फलैक्सनर ने की थी और इसकी स्थापना का पूरा खर्च एक अमरीकी उद्योगपति ने दानस्वरूप दिया था। आइंस्टाइन ने अस्थायी तौर पर यह निमंत्रण स्वीकार कर लिया, लेकिन कापूथ छोड़ने का उनका मन अभी भी नहीं हो रहा था। दूसरी ओर उनके सभी करीबी दोस्त और हितचिंतक उन्हें जल्द-से-जल्द बर्लिन छोड़कर अमेरिका जाने की सलाह दे रहे थे। आइंस्टाइन लेकिन इतनी जल्दी कापूथ नहीं छोड़ना चाहते थे। अपने घर से अधिक मोह उन्हें यहाँ की झील और महोगनी की डोंगी पर बैठकर झील के पानी में चप्पू चलाने का लालच था, जिसे वह अमेरिका में नहीं पा सकते थे।

वह कापूथ के नैसर्गिक सौंदर्य में उलझे ही हुए थे कि इसी बीच देशभक्त अमरीकी महिलाओं की एक समिति (लीग) ने अमेरिका सरकार से यह अनुरोध किया कि आइंस्टाइन को अमेरिका आने से रोका जाय, क्योंकि वह कम्यूनिस्ट विचाराधारा के हैं और इस वजह से उनका यहाँ आना अमरीकी संस्थाओं के लिए तबाही का कारण बन जायेगा। इस पत्र के मजमून से आइंस्टाइन काफी दुखी हुए थे। अपनी प्रतिक्रिया व्यक्त करते हुए उन्होंने कहा था कि महिला समाज से इस तरह के व्यवहार की उम्मीद उन्हें हरगिज नहीं थी। यह उनका पहला अनुभव था और

अतीत में ऐसा कभी हुआ भी हो तो एक साथ इतनी सारी महिलाओं से ऐसा साबका उनका कभी नहीं पड़ा।

दिसंबर 1932 में एंटवर्प बंदरगाह से आइंस्टाइन ने अमरीका के लिए प्रस्थान किया। जहाज छूटने से पहले पॉल लांगेविन उनसे मिलने आये और उन्हें पेरिस के 'कालेज दे फ्रांस' में काम करने का निमंत्रण दिया, लेकिन आइंस्टाइन अब जहाज पर बैठ चुके थे, इसलिए लांगेविन का प्रस्ताव स्वीकार करने की स्थिति में नहीं थे। लांगेविन विदाई में उठे हुए उनके हाथ को ही देखते रहे।

जर्मनी की सत्ता पर नाजियों ने जब पूर्ण कब्जा किया, उस वक्त आइंस्टाइन केलिफोर्निया आ चुके थे। नाजी सत्ता जर्मनी पर इतनी जल्दी आधिपत्य जमा लेगी, यह विश्वास आइंस्टाइन को नहीं था। नवम्बर 1918 में जर्मन रिपब्लिक की घोषणा हो जाने के बाद, आइंस्टाइन को यह लगा था कि जर्मनी की जनता अब राहत की साँस लेगी और सैनिकशाही पूरी तरह खत्म हो जायेगी। इसलिए अंदर-ही-अंदर नाजियों की जो साजिश चल रही थी, उसके प्रति एक हद तक वह उदासीन भी रहे और काफी हद तक भोले भी। नाजियों की राजनीतिक योग्यता पर वह संदेह भी करते थे, इसलिए एकाएक सत्ता उनके हाथों में जाने पर उन्हें आश्चर्य होना स्वाभाविक था। यह उन्होंने सुन लिया था कि जर्मनी में अभी तक उनके घर को नाजियों ने नहीं छुआ है और उनका बैंक खाता भी सही सलामत है। एक बार फिर वह यूरोप की यात्रा पर निकल पड़े, लेकिन जब उनका जहाज रास्ते में ही था, तभी उन्हें खबरें मिलनी शुरू हुईं कि जर्मनी में यहूदियों के खिलाफ बड़े पैमाने पर सुनियोजित षड्यंत्र शुरू हो चुका है। एंटवर्प बंदरगाह पर उतरने के बाद उन्होंने जर्मनी जाने का विचार त्याग दिया और फिलहाल बेल्जियम में ही ठहरने का निश्चय किया। बेल्जियम के राजा और रानी से उनके व्यक्तिगत संबंध भी काफी अच्छे थे। राजा-रानी से उनकी पहली मुलाकात ब्रूसेल्स में सोलहवें विज्ञान कांग्रेस के दौरान हुई थी।

फासिज्म के दौरान जो अन्य वैज्ञानिक जर्मनी छोड़कर चले गये

थे उनमें ईंस श्रायडिंगर, बोर्न, जे. फ्रेंक, ओ. स्टर्न, एल. माइटनर, जी. वाइल, ई. न्योथर, जे. नॉयमन, एफ. हॉबर, आर. विलस्टैटर और आर. गोल्डस्मिथ प्रमुख थे। इनके अलावा गिलबर्ट, फ्लैंक और लावे जैसे वैज्ञानिकों से काम लेना बंद कर दिया गया था।

उधर आइंस्टाइन की पत्नी और उनकी दो सौतेली बेटियाँ बर्लिन में ही मुसीबतों के दौर में रह रही थीं। उनका बैंक खाता जब्त कर दिया गया था और जल्द-से-जल्द ये लोग भी जर्मनी छोड़ देना चाहते थे। यहूदियों की काफी बड़ी संख्या ऐसी भी थी, जो अभी तक अपने ऊपर मँडराते इस आसन्न संकट की भयावहता को ठीक से नहीं पहचान पायी थी। उनमें से कुछ लोग ऐसे भी थे जो जर्मन सत्ता के खिलाफ आइंस्टाइन की बेबाक टिप्पणियों को इसका कारण मानते हुए उलटा उन्हें ही कोस रहे थे। इन लोगों की समझ में आइंस्टाइन के आचरण से ही नाजियों का गुस्सा भड़का था।

इन्हीं दिनों फ्रांस के शिक्षामंत्री दे मोंजी ने आइंस्टाइन को 'कालेज दे फ्रांस' में एक खाली पीठ पर नियुक्त करना चाहा। यह खाली पीठ जर्मन स्टडीज की थी, लेकिन इस पद पर आइंस्टाइन को बुलाने से पूर्व शिक्षामंत्री मोंजी ने विधिवत तरीके से कालेज की प्रशासनिक समिति की मंजूरी नहीं ली थी, अतः कालेज प्रशासन ने यह नियुक्ति रद्द कर दी। अंततः 1933 के पतझड़ में आइंस्टाइन प्रिसंटन के लिए रवाना हो गये। 1934 में हिटलर प्रशासन ने उनकी जर्मन नागरिकता छीनकर उनकी सारी सम्पत्ति जब्त कर ली थी।

आइंस्टाइन के लिए अमेरिका नया देश था। इसलिए यहाँ पहुँचने पर उन्हें अजीब लग रहा था। वह अपने को अलग-थलग और एकाकी-सा महसूस करने लगे। उनकी पत्नी का स्वभाव भी काफी भावुक था। अमरीका आकर पत्नी का स्वास्थ्य भी तेजी से बिगड़ने लगा। बजाय इसके कि नयी जगह पर आकर वह पति का घर नये सिरे से जमाना शुरू करती, गंभीर रोग के चलते उसे अस्पताल का बिस्तर पकड़ना पड़ा।1936 में उसकी मृत्यु हो गयी। पत्नी की मौत के बाद आइंस्टाइन और

ज्यादा उदास और दुखी दिखने लगा। प्रिसंटन में आइंस्टाइन के अकेलेपन का जिक्र उनके एक मित्र ने इस प्रकार किया था, 'ऐसा लगता था कि उनके भीतर से कुछ मर गया था। हमारे घर में वह एक कुर्सी पर बैठे रहे। उनकी उँगलियाँ सिर के सफेद उलझे बालों को लगातार मरोड़ रही थीं। दुनिया-जहान की तमाम समस्याओं के बारे में वह इस ढंग से बतिया रहे थे, जैसे किसी स्वप्न में डूब कर बोल रहे हों। हँसी उनके चेहरे से एकदम गायब थी।'

वस्तुतः अमरीकी नागरिकता लेने के बावजूद आइंस्टाइन खुद को यूरोपीय ही मानते थे, लेकिन उनके यूरोपीय दोस्त उनके असली दर्द को नहीं पहचान सके थे। आइंस्टाइन उन्हें छोड़कर अमेरिका चले गये थे, इसलिए यूरोप की नजर में वे एकदम बेगाना और निर्मम हो गये थे। इस दर्द को आइंस्टाइन ने महसूस करते हुए लिखा था कि 'यूरोपीय दोस्तों को अब मेरा चेहरा एक भारी चट्टान की तरह नजर आता है और वे लोग अब मुझे , देर ग्रोसे स्वाइगर, (एक भारी चट्टानवाला चेहरा) कहकर ही पुकारते हैं और हकीकत में इसी नाम का हकदार मैं अब हूँ भी।'

पत्नी के बिछोह को भुलाने का एकमात्र उपाय अब उनके पास सिवाय भौतिकी में डूबने के और कुछ नहीं था। उनकी पत्नी एल्सा की मौत पर पोलैंड के भौतिकशास्त्री लियोपोल्ड इनफील्ड ने यह टिप्पणी की थी कि 'जीवन और मृत्यु के बीच के फर्क को अब वह एक नये पैमाने से नापने लगे थे। उनका यह पैमाना था कि कोई आदमी भौतिकी के काम आ सकता है अथवा नहीं।'

प्रिसंटन स्थित इंस्टीट्यूट ऑफ एडवांस्ड स्टडीज की परिकल्पना अब्राहम फ्लैक्सनर्स ने अमरीका में एक उच्चस्तर की बौद्धिक क्षमता को संगठित कराने के उद्देश्य से की थी। अपने अध्ययन के दौरान फ्लैक्सनर्स ने यह महसूस किया था कि अमरीकी विश्वविद्यालयों में काम तो काफी होता है और कहीं-कहीं इस काम की गुणवत्ता श्रेष्ठ भी होती है, लेकिन ऐसा बहुत सारा स्तरीय काम घटिया स्तर के कामों के बीच ही दबा-छिपा रह जाता है। इसीलिए प्रिसंटन में वह आला दर्जे के दिमागों को लाया

था, ताकि वे लोग अमरीकी वैज्ञानिकों को उचित दिशा-निर्देश देकर उनके काम की गुणवत्ता को दुनिया के सामने ला सकें। इस संस्थान में आइंस्टाइन की नियुक्ति करके फ्लैक्सनर्स लाभान्वित ही हुए थे। अब अमरीका के युवा वैज्ञानिक विश्वस्तर के उच्चकोटि के वैज्ञानिक के साथ रहकर बहुत कुछ सीख सकते थे। यहाँ काम करने का माहौल भी बेहद उपयुक्त था। नौकरशाही और लालफीताशाही का बोलबाला नहीं था। आइंस्टाइन की जब इच्छा होती, सिर्फ तभी वह लेक्चर देने जाते थे, अन्यथा वह अपने शोधकार्य में लीन रहा करते थे। हाँ, यदि कभी अपने नये शोध के बारे में उन्हें कोई खास बात बतानी होती, तो ऐसे मौके पर वह जरूर लेक्चर देना पसंद करते थे। यहाँ उन पर किसी प्रकार की पाबंदी नहीं थी। वह पूर्णतया स्वतंत्र और स्वच्छंद माहौल में काम करते थे।

प्रिसंटन में आइंस्टाइन ने सर्वाधिक काम गुरुत्वाकर्षण और विद्युत चुम्बकीय नियमों के एकल सिद्धांत (यूनिफाइड फील्ड थ्योरी) पर किया। यह उनकी नयी खोज थी, लेकिन उनके समकालीन वैज्ञानिकों को उनकी इस खोज में कोई दिलचस्पी नहीं थी। वे लोग उन दिनों 'न्यू क्वांटम सिद्धांत' पर ही काम करना पसंद करते थे, जबकि आइंस्टाइन इस सिद्धांत के प्रति कोई सहानुभूति नहीं रखते थे। हालाँकि आइंस्टाइन ही वह समर्थ वैज्ञानिक थे, जिन्होंने मूलरूप से क्वांटम सिद्धांत को जन्म दिया था। लेकिन बाद के दौर में इस सिद्धांत की अगली धारा–न्यू क्वांटम थ्योरी को उन्होंने आगे बढ़ाने से मना कर दिया था। उनके विचार में यह धारा अधिक खतरनाक और विप्लवकारी हो सकती थी। दरअसल इस दौर में अब आइंस्टाइन शांत मन से विश्वशांति के लिए काम करना चाहते थे और कमोबेश उनका चिंतन एक ऐसे वैज्ञानिक का रूप धारण कर रहा था, जो विशुद्ध वैज्ञानिक का चोला छोड़कर मानवीय और सामाजिक सरोकारों से अधिक मतलब रखने लगा था। दूसरे अर्थों में विशुद्ध विज्ञान को भी वह मानवीय चिंता के दार्शनिक क्षेत्र में खींच लाये थे।

## एटम बम के बारे में ऐतिहासिक चिट्ठी

एक ओर आइंस्टाइन का मन जहाँ शांति की खोज में लगा था, वहीं दूसरी ओर जर्मनी में नाजियों का अत्याचार दिन-प्रतिदिन बढ़ता ही जा रहा था। जर्मन नाजीवाद का खतरा पूरी दुनिया को युद्ध के कगार पर ले आया था। इस खतरे से आइंस्टाइन का मन भी आशंकित होने लगा था। उनकी विचारधारा में इधर थोड़ा बदलाव आना शुरू हो गया था। उन्हें लगने लगा था कि मानवीय गरिमा को बचाये रखने के लिए कुछ अपरिहार्य स्थितियों में युद्ध लड़ना अनिवार्य भी हो सकता है क्योंकि सही कानून व्यवस्था के अभाव में मानवीय मूल्यों की सुरक्षा नहीं की जा सकती।

इसी बीच जर्मनी के दो वैज्ञानिक ऑटो हान और फ्रित्स स्ट्रासमन ने 1938 के अंत में यूरेनियम के विखंडन की प्रक्रिया ढूँढ़ निकाली और इसके जरिये यह सिद्ध कर दिया कि ऐसा करके बड़े पैमाने पर आणविक ऊर्जा प्राप्त हो सकती है। इस खोज के बाद यदि जर्मनी के पास आणविक हथियार आ जाते तो निश्चित रूप से उसकी संहारक क्षमता कई गुना बढ़ सकती थी। अमेरिका के लोग 1939 के शुरू में इस खतरे को नहीं भाँप पाये थे। वे सोचते थे कि एटम बम की परिकल्पना अभी दूर का स्वप्न है। यूरोप अभी इस मामले में काफी पीछे है। अमरीका एक सबल राष्ट्र है और उसकी सामरिक शक्ति को देखते हुए कोई बाहरी देश उस पर आक्रमण करने का साहस नहीं करेगा। यूरोपीय देश यदि आपस में लड़-कट मरते हैं, तो उन्हें मरने

दो। लेकिन जर्मनी से भागकर जो यहूदी वैज्ञानिक अमरीका में ठौर लिये हुए थे, उन्हें इस युद्ध के दूरगामी परिणाम नजर आ रहे थे, जो काफी भयंकर और अनिष्टकारी सिद्ध हो सकते थे। ऑटोहान की खोज के बाद कई अन्य देशों के वैज्ञानिकों ने भी प्रयोगों द्वारा यह सिद्ध कर दिया था कि यूरेनियम तत्त्व का यदि लगातार विखंडन जारी रखा जाय तो उससे अत्यधिक शक्तिशाली स्तर का परमाणु विस्फोट हो सकता है।

डेनमार्क के प्रसिद्ध भौतिकशास्त्री नाइल्स बोर ने एक दिन आइंस्टाइन को यह खबर दी कि जर्मनी से भागे हुए भौतिकविद लाइजे माइटनर ने यूरेनियम के अणु को विखंडित कर दिया है। इस विखंडन में अणु की मात्रा में जो कमी आयी है, उसे वह ऊर्जा में बदलने में भी कामयाब हो गया है। माइटनर ने यह प्रयोग कोपेनहेगेन में किया था। इससे पहले जर्मनी में ऑटो हॉन और स्ट्रासमन ने भी इसी प्रक्रिया से मिलता-जुलता प्रयोग किया था। नाइल्स बोर का अनुमान था कि यदि यूरेनियम के अणुओं का नियंत्रित और धाराप्रवाह विखंडन संभव हो सके तो भयंकर विस्फोट पैदा किया जा सकता है।

द्वितीय विश्वयुद्ध की भयावहता इस समय अपने चरम पर थी और यह महसूस किया जा रहा था कि नाजी वैज्ञानिक इस तरह के एटम बम का निर्माण कर विश्व को तहस-नहस कर सकते हैं। इसी आशंका को ध्यान में रखते हुए अमेरिका में कार्यरत कुछ यहूदी वैज्ञानिकों ने, जिनमें एल. जीलार्ड (Szilard) प्रमुख थे, यह चाहा कि जर्मनी से पहले अमेरिका एटम बम बना डाले। उस समय तक अमरीकी सरकार इस ओर से एकदम बेखबर थी और राष्ट्रपति रुजवेल्ट को मनाने के लिए यह जरूरी था कि आइंस्टाइन इस दिशा में स्वयं पहल करके उनसे यह आग्रह करते कि बिना एटम बम बनाये अमरीका का भला नहीं हो सकता।

काफी सोच-विचार करने के बाद एल. जीलार्ड ने आइंस्टाइन के सामने पूरा मामला रखा और उन्हें बताया कि राष्ट्रपति रूलवेल्ट तक

इस बात को वही सर्वाधिक उचित तरीके से पहुँचा कर अंततः उनकी सहमति प्राप्त कर सकते हैं।

जीलार्ड की बात पर आइंस्टाइन राजी हो गये और द्वितीय विश्वयुद्ध शुरू होने से ठीक एक माह पूर्व 2 अगस्त, 1939 को उन्होंने राष्ट्रपति रूजवेल्ट के नाम वह ऐतिहासिक चिट्ठी लिखी जिसका आशय इस प्रकार था–'अमरीका में कार्यरत हमारे वैज्ञानिक ई. फेर्मी और एल. जीलार्ड के कुछ अत्याधुनिक प्रयोगों से मैं इस नतीजे पर पहुँचा हूँ कि आसन्न भविष्य में यूरेनियम तत्त्व को एक सर्वथा नवीन और महत्त्वपूर्ण ऊर्जा स्रोत के रूप में बदला जा सकता है। कुछ अन्य देशों में भी इस तरह के प्रयोग चल रहे हैं, जिन पर हमें कड़ी नजर रखनी होगी और यदि जरूरी हो तो अमरीकी प्रशासन भी जल्द ही इस दिशा में कुछ करने की सोचे... ।' आइंस्टाइन ने अपनी इस चिट्ठी में राष्ट्रपति रूजवेल्ट को समझाते हुए आगे लिखा कि एक नाव में ऐसा एटम बम ले जाकर यदि हम किसी बंदरगाह पर उसका विस्फोट करते हैं तो पूरा बंदरगाह नेस्तनाबूद होने के अलावा आसपास का काफी बड़ा क्षेत्र भी बरबाद हो सकता है। आइंस्टाइन की इस चिट्ठी पर राष्ट्रपति रूजवेल्ट ने परिस्थितियों की नाजुकता समझते हुए अमरीकी सेना को एटम बम बनाने की दिशा में आगे बढ़ने का आदेश जारी कर दिया।

न्यू मैक्सिको स्थित लास अलाओस नामक स्थान में एटम बम बनाने की योजना को अमरीकी प्रशासन ने 'मेनहाट्टन प्रोजेक्ट' नाम दिया था। यद्यपि अल्बर्ट आइंस्टाइन का बम बनाने की प्रक्रिया में कोई सीधा हाथ नहीं रहा और उन्हें यह खबर भी नहीं लगने दी गयी कि आणविक विखंडन संभव कर दिया गया है; इसके बावजूद आणविक युग के जन्मदाता के रूप में आइंस्टाइन का नाम ही प्रमुख रूप से लिया जाता रहा है। आइंस्टाइन को बम की विभीषिका का असली पता तब चला जब 1945 में अमेरिका ने जापान के दो प्रमुख शहरों–हिरोशिमा और नागासाकी के ऊपर बम छोड़कर उन्हें बुरी तरह नेस्तनाबूद कर दिया।

एटम बम का निर्माण होने से पूर्व 1944 में जब वैज्ञानिकों को यह

विश्वास होने लगा था कि इसका असर बेहद घातक होगा, तभी से बहुत सारे वैज्ञानिक इस चिंता में भी डूबने लगे थे कि बम फटने के बाद मानव समाज़ को जिन नैतिक व सामाजिक आपदाओं का सामना करना पड़ेगा, उसका निदान कैसे संभव हो पायेगा। तब तक वैज्ञानिकों की सोच यही थी कि नाजी जर्मनी चटपट बम बनाकर इस जघन्य हथियार का इस्तेमाल कहीं भी कर देगा। अमरीकी वैज्ञानिकों को क्या पता था कि जर्मनी से पहले उन्हीं का देश इस मामले में पहल कर बैठेगा और मानव सभ्यता के एक बड़े हिस्से में विनाश के काले बादल उँड़ेल देगा।

सुना जाता है कि बम विस्फोट की खबर जब आइंस्टाइन को दी गयी तो उनकी आँखों में आँसू आ गये थे। वह अत्यधिक विचलित और दुखी हो गये थे। इस घटना के बाद आइंस्टाइन ने शांति की दिशा में अपने प्रयासों को और तेज कर दिया। उन्होंने उन वैज्ञानिकों का साथ देना शुरू कर दिया जो भविष्य में परमाणु विस्फोट के सख्त विरोधी थे। उनका दृष्टिकोण ज्यादा मानवतावादी होने लगा। अब वह एक विश्व सरकार की स्थापना की दिशा में सक्रिय ढंग से सोचने लगे थे। वह चाहते थे कि इस विश्व सरकार का संविधान संयुक्त रूप से अमरीका, ब्रिटेन और फ्रांस बनायें। जीवन के अंतिम दिनों में आइंस्टाइन की छवि एक भौतिक विज्ञानी से अधिक 'विश्वनागरिक' के रूप में होने लगी थी। दुनिया के लोग उन्हें एक ऐसा दयालु 'महान् बूढ़ा आदमी' करार देने लगे थे, जो विश्व की तमाम जनता को एकता के सूत्र में पिरोने की कामना रखता था।

दर्शन में डूबे रहने के बावजूद भौतिक विज्ञान से उन्होंने आखिरी दम तक अपना नाता नहीं तोड़ा। 1950 में उन्होंने अपनी यूनिफाइड फील्ड थ्योरी का नया भाष्य प्रस्तुत किया। इस नये भाष्य को उन्होंने गणित की अति जटिल एवं अत्यंत सतर्क शब्दावली में पेश किया। जाहिर है कि इस नये सिद्धांत का स्वागत उस समय के भौतिकविदों ने बहुत ठंडे दिल से किया। अधिकांश वैज्ञानिकों ने उदार शब्दावली का सहारा लेकर इसकी आलोचना की और इसे अतर्कसंगत ठहराया। बाद के वर्षों

में भारतीय वैज्ञानिक जयंत विष्णु नार्लीकर और इंगलैंड के वैज्ञानिक प्रोफेसर हार्डी ने भी आइंस्टाइन की कई प्रस्थापनाओं पर प्रश्नचिह्न लगाये।

जीवन के अंतिम दौर में आइंस्टाइन विज्ञान और दर्शन के जंगल में भटक से गये थे। वैज्ञानिक के रूप में इस दौरान वह उपेक्षित और अलग-थलग से पड़े रहे। पश्चिम के अधिकांश वैज्ञानिक उन्हें सोवियत समर्थक और साम्यवादी विचारों का पोषक मानते हुए उनके वैज्ञानिक चिंतन को राजनीति प्रेरित भी माना करते थे, जबकि हकीकत में आइंस्टाइन विज्ञान और दर्शन के जरिये मानव कल्याण का एक नया मार्ग तलाशने में निमग्न थे, तटस्थ नहीं।

# आखिरी दिनों में विश्व शांति के प्रबल समर्थक

प्रिसंटन में आइंस्टाइन बीस वर्षों से भी अधिक समय तक रहे। शुरू में वह एक छोटे फ्लैट में रहा करते थे और हर सुबह कैंपस में एक मील तक टहलने जाया करते थे। मनोरंजन के लिए वह अपना वायलिन बजाया करते थे या फिर समीप की एक झील में नौका विहार करने जाया करते थे। प्रिसंटन में रहते हुए वह शायद ही कभी न्यूयार्क गये हों। बड़े शहरों के शोरगुल से उन्हें बेहद चिढ़ थी। लेकिन अंतिम दिनों में उनका स्वास्थ्य इस हद तक गिर चुका था कि वह अपना वायलिन भी नहीं बजा पाते थे और न ही नौका विहार का आनंद ले सकते थे। पेट का पुराना रोग भी बढ़ चुका था और दर्द की शिकायत बढ़ने लगी थी। लिहाजा उन्होंने पाइप पीना भी छोड़ दिया था और खान-पान में विशेष परहेज रखने लगे थे।

अमेरिका ने जब बिना चेतावनी दिये हिरोशिमा पर बम डाल दिया था, तब आणविक वैज्ञानिकों की एक समिति ने एटम बम के खतरों की ओर दुनिया का ध्यान आकृष्ट कराया था। आइंस्टाइन ने सहर्ष इस समिति का अध्यक्ष बनना स्वीकार कर लिया था और अपनी अपील में लिखा था कि प्रागैतिहासिक काल में आदमी द्वारा ढूँढ़ी गयी आग की चिनगारी की खोज के बाद हमारी पीढ़ी ने आज के विश्व को सर्वाधिक क्रांतिकारी ताकत दे दी है। लेकिन ब्रह्मांड की इस आधारभूत शक्ति का उपयोग राष्ट्रीयता के संकीर्ण स्वार्थों के हितलाभ के लिए नहीं किया जाना

चाहिए। यह तभी संभव हो सकता है, जब सारी मानव सभ्यता समझदारी का परिचय देते हुए, इसके उपयोग पर नियंत्रण लगा सके।

उन्होंने यह भी कहा था कि मानवीय नैतिकता को बचाने का प्रश्न आज सर्वोपरि हो गया है। अन्यथा तीन हजार सालों के अधिक प्रयास के बाद वैज्ञानिक प्रगति के नाम पर हमने जो कुछ प्राप्त किया है उसका खामियाजा हमें उस तीन साल के बच्चे की तरह भी भुगतना पड़ सकता है, जिसके हाथ में किसी ने अनजाने ही एक उस्तरा पकड़ा दिया है।

अपनी मौत के अड़तीस दिन पहले 11 मार्च 1955 को आइंस्टाइन ने बेल्जियम की महारानी को एक चिट्ठी लिखी थी, जिसमें यह उद्‌गार व्यक्त किये गये थे कि 'यह मानने में मुझे कतई संकोच नहीं है कि अपनी जिंदगी में मैंने जो काम किया है और बड़े पैमाने पर उसका जो निष्कर्ष निकाला गया है, उसकी वजह से मैं बहुत दुखी और हैरान हूँ। और इस निष्कर्ष के फलस्वरूप न चाहते हुए भी दुनिया की नजरों में एक बहुत बड़ा धोखेबाज सिद्ध हो जाता हूँ....।'

18 अप्रैल 1955 को प्रिसंटन अस्पताल के एक बिस्तर पर आइंस्टाइन ने नींद में ही अपने प्राण त्याग दिये। बिस्तर के समीप रखी उनकी मेज पर एक अधूरा पत्र पड़ा था, जो उन्होंने इजरायली स्वतंत्रता दिवस के संदर्भ में लिखा था। इस पत्र में भी उन्होंने यह इच्छा व्यक्त की थी कि कमजोर शरीर और बहुत कम ताकत होने के बावजूद मैं हर स्थिति में सत्य और न्याय के पक्ष में खड़ा रहना चाहूँगा।

हमारे युग के इस महान् वैज्ञानिक के बारे में बर्टेंड रसेल ने लिखा था–'आइंस्टाइन अपनी ही तरह के एक अद्‌भुत, पूर्णतया संतोषी और मानवीय प्राणी थे। अपनी विलक्षण प्रतिभा और प्रसिद्धि के बावजूद वह ऐसे इंसान थे, जिनका व्यवहार सीधा-सादा था और जो किसी प्रकार की श्रेष्ठता का दावा नहीं करते थे। उनका काम और उनका वायलिन, ये दो चीजें ऐसी थीं, जिन्होंने उन्हें बेपनाह खुशी दी। मैंने उन्हें कभी किसी के प्रति इर्ष्यालु होते हुए नहीं देखा। जैसा कि न्यूटन

और लाइबनित्स के साथ अक्सर देखने को मिलता था। जिदंगी भर आइंस्टाइन इंसान की सुरक्षा और उसकी व्यक्तिगत स्वतंत्रता के लिए लड़ते रहे। सचमुच आइंस्टाइन एक महान् वैज्ञानिक ही नहीं बल्कि एक महान् इंसान भी थे।'

आइंस्टाइन की मृत्यु के बाद शांति के बारे में उनके विचारों को लेकर एक पुस्तक छपी, जिसका शीर्षक 'आइंस्टाइन ऑन पीस' था। इस पुस्तक का संपादन ऑटो नाथन ने किया। अपनी भूमिका में ऑटो नाथन ने आइंस्टाइन का मूल्यांकन इस प्रकार किया : 'आइंस्टाइन एक समाजवादी विचारक थे। वह समाजवाद में इसलिए विश्वास करते थे, क्योंकि उन्हें यह अच्छी तरह मालूम था कि पूँजीवादी व्यवस्था में वर्ग-विभाजन मौजूद है और यह व्यवस्था मनुष्य के जरिये मनुष्य का शोषण करती है। वह इसलिए समाजवादी थे, क्योंकि उन्हें यह भी अच्छी तरह मालूम था कि अब तक की आर्थिक संरचनाओं में सर्वाधिक शोषण करने वाली व्यवस्था पूँजीवाद ही है। वह इसलिए समाजवादी थे, क्योंकि उन्हें यह मालूम था कि पूँजीवादी समाज सभी लोगों की भलाई का काम सही ढंग से नहीं कर सकता, जिसकी वजह से मौजूदा समाज में कई बुराइयाँ पैदा हो गयी हैं और अंततः वह इसलिए समाजवादी थे, क्योंकि उन्हें यह मालूम था कि समाजवादी व्यवस्था के अंदर ही आदमी को काफी हद तक पूर्ण स्वतंत्रता की गारंटी मिल सकती है। इसके अलावा बाकी कोई सामाजिक व्यवस्था इससे बेहतर व्यक्तिगत आजादी की छूट नहीं दे सकती है।'

जीवन के अंतिम वर्षों में आइंस्टाइन की सोच विश्व सरकार (वर्ल्ड गवर्नमेंट) की स्थापना की दिशा में ही अग्रसर रही। उनका मानना था कि यदि विश्व के सारे देश ऐक ही प्रशासनिक ढाँचे के तहत नियंत्रित होकर काम कर सकें तो इस तरह की व्यवस्था में युद्ध के खतरे नहीं रहेंगे और आदमी के जीवन में अधिक खुशहाली व अमन-चैन आ सकता है। यह सच है कि अपने जीवन के अंतिम वर्षों में वैज्ञानिकों की बिरादरी में आइंस्टाइन का महत्त्व कुछ कम होने लगा था, लेकिन